Erfolgskonzepte Zahnarztpraxis & Management

Götz Bierling · Harald Engel · Daniel Pfofe · Wolfgang Pütz · Dietmar Sedlaczek

Zahnarztpraxis - erfolgreiche Übernahme und Gründung

Betriebswirtschaft, Steuer, Gesellschaftsrecht, Berufs- und Zulassungsrecht

Götz Bierling
Karlsruhe, Deutschland

Daniel Pfofe
Gerlingen, Deutschland

Dietmar Sedlaczek
Berlin, Deutschland

Harald Engel
Wuppertal, Deutschland

Wolfgang Pütz
Berlin, Deutschland

ISSN 2625-8765   ISSN 2625-8773 (electronic)
Erfolgskonzepte Zahnarztpraxis & Management
ISBN 978-3-662-57811-7   ISBN 978-3-662-57812-4 (eBook)
https://doi.org/10.1007/978-3-662-57812-4

Die Deutsche Nationalbibliothek verzeichnet diese Publikation in der Deutschen Nationalbibliografie; detaillierte bibliografische Daten sind im Internet über http://dnb.d-nb.de abrufbar.

Umschlaggestaltung: deblik Berlin
Fotonachweis Umschlag: © alimyakubov/de.fotolia.com, ID: 84397150

Springer ist ein Imprint der eingetragenen Gesellschaft Springer-Verlag GmbH, DE und ist ein Teil von Springer Nature.
Die Anschrift der Gesellschaft ist: Heidelberger Platz 3, 14197 Berlin, Germany

Vorwort

Der Start in die Selbstständigkeit sollte gut überlegt und geplant sein. Das gilt selbstverständlich auch für die Gründung und die Übernahme einer Zahnarztpraxis.

Als Unternehmer – und das ist man als Zahnarzt zweifelsohne – ist es sehr wichtig, von Anfang an die richtigen Weichenstellungen vorzunehmen und sich vor allem auch mit Aspekten zu beschäftigen, die eigentlich nicht zum medizinischen Fachbereich des Zahnarztes gehören. Dies beginnt bereits bei der Standortwahl der Praxis bis hin zum Einstellen von Mitarbeitern. Mit dem Start in die Selbstständigkeit betritt der Zahnarzt in vielen Bereichen Neuland. Es ist daher sehr wichtig, dass er hierfür eine Orientierung erhält, um alle wesentlichen Aspekte der Übernahme oder der Gründung einer Zahnarztpraxis zu berücksichtigen. Hierbei ist er auf die Fachkompetenz von Rechtsanwälten, Steuerberatern und Betriebswirten angewiesen.

Dieses Buch richtet sich daher an alle Zahnärzte, welche einen klaren und strukturierten Überblick über die notwendigen Punkte erhalten wollen, welche für ihren Start in die Selbstständigkeit notwendig sind. Es vermittelt dem Leser alle wesentlichen Aspekte und schärft von Anfang an das unternehmerische Denken.

Das Autorenteam setzt sich aus erfahrenen Rechtsanwälten, Steuerberatern und Betriebswirten zusammen, welche im medizinischen Bereich seit Jahrzehnten tätig sind. Dabei werden juristische und steuerrechtliche Aspekte ebenso behandelt, wie betriebswirtschaftliche.

Götz Bierling
Karlsruhe, Deutschland

Harald Engel
Wuppertal, Deutschland

Daniel Pfofe
Gerlingen, Deutschland

Wolfgang Pütz
Berlin, Deutschland

Dietmar Sedlaczek
Berlin, Deutschland

Danksagung

Ganz besonderer Dank gebührt an dieser Stelle ausdrücklich der wissenschaftlichen Mitarbeiterin Frau cand. jur. Julia Lübcke. Ihr fachlicher und organisatorischer Einsatz hat die Realisation dieses Buches erst ermöglicht.

Inhaltsverzeichnis

Autoren

Götz Bierling

Götz Bierling ist seit über 30 Jahren als Rechtsanwalt und Fachanwalt für Arbeitsrecht in erster Linie in Fragen des Arbeits- und Medizinrechts tätig und hat zahlreiche Vorträge zum ärztlichen Zulassungsrecht gehalten, sich aber auch in Fragen des Arzthaftungsrechts als Mitherausgeber von „Hygiene und Recht" in Fachkreisen einen Namen gemacht. Neben niedergelassenen Ärzten vertritt er Krankenhäuser auch in arbeitsrechtlichen Fragen. Aufgrund der engen Zusammenarbeit mit einem auf Heilberufe spezialisierten Steuerbüro ist er mit den speziellen steuerrechtlichen Themen vertraut. Herr Bierling ist zudem Gesellschafter der Arztrechtsnetz EWiV, ein Zusammenschluss von Rechtsanwälten, die medizinische Leistungserbringer in allen Fragen des Gesundheitswesens beraten.

Harald Engel

Harald Engel jun. wurde 1968 in Wuppertal geboren. Er studierte Rechtswissenschaften in Bochum und Betriebswirtschaftslehre in Wuppertal. Als Fachanwalt für Medizinrecht liegt sein Tätigkeitsschwerpunkt nicht nur in der rechtlichen Beratung von Zahnärzten, Humanmedizinern und Angehörigen anderer Heilberufe, sondern er ist auch steuerberatend tätig. 20 Jahre lang war Harald Engel jun. sowohl als Lehrbeauftragter für Strafrecht an der Universität in Bochum als auch als Ausbilder von Rechtsreferendaren im Verwaltungsrecht an den Landgerichten Wuppertal und Düsseldorf tätig. Seit 2005 publiziert er regelmäßig Fachbeiträge und seit 10 Jahren ist er geschäftsführender Gesellschafter der Arztrechtsnetz EWiV, einem Zusammenschluss von Rechtsanwälten auf europäischer Ebene, die medizinische Leistungserbringer in allen Fragen des Gesundheitswesens beraten.

Daniel Pfofe

Daniel Pfofe ist seit über 18 Jahren als Rechtsanwalt und seit über 13 Jahren als Steuerberater auf dem Gebiet des Gesellschafts-, Steuer- und Medizinrechts tätig. Seine Schwerpunkte sind die oft herausfordernden Themengebiete, die sich im Zusammenspiel der einzelnen Rechtsgebiete ergeben. Er vertritt Ärzte und Kliniken sowohl gerichtlich als auch außergerichtlich sowie vor den Finanz- und Zulassungsbehörden. Seit 2010 ist er geschäftsführender Gesellschafter der Arztrechtsnetz EWiV, ein Zusammenschluss von Rechtsanwälten, die medizinische Leistungserbringer in allen Fragen des Gesundheitswesens beraten. Neben zahlreichen Vorträgen publiziert regelmäßig in Fachzeitschriften. Er bildet sowohl Anwälte als auch Steuerberater in seinen Spezialgebieten fort.

Wolfgang Pütz

Wolfgang Pütz wurde 1981 in Trier geboren. Er studierte Rechtswissenschaften an der Universität Trier und der Ruhr-Universität Bochum mit den Schwerpunkten Sozialrecht und Strafrecht. Er arbeitete mehrere Jahre als Rechtsanwalt im Bereich Medizinrecht, Sozialrecht, Strafrecht und Vertragsrecht in Bochum. Herr Pütz wechselte 2013 zur Kassenärztlichen Vereinigung Berlin und war dort bis 2017 als Hauptabteilungsleiter Bedarfsplanung und Zulassung tätig. Er verantwortete in erster Linie das Zulassungswesen und die Bedarfsplanung in der Bundeshauptstadt. Als Prozessvertreter hat er zahlreiche Verfahren im vertragsärztlichen Zulassungsrecht in allen Instanzen betreut. Herr Pütz hält regelmäßig Vorträge zu zulassungsrechtlichen Themen. Seit 2017 ist er als Rechtsanwalt in Berlin tätig, er berät in erster Linie niedergelassene Vertragsärzte, Medizinische Versorgungszentren und Krankenhäuser in allen Fragen des Medizinrechts.

Dietmar Sedlaczek

Dietmar Sedlaczek hat nach Abschluss seines Jurastudiums und Referendariats ab dem Jahr 1992 Erfahrungen als Rechtsanwalt bei der Deutschen Bank, den Finanzämtern in Bielefeld und Detmold sowie bei der Oberfinanzdirektion Münster sammeln können. Von 1998 bis 2001 war Herr Sedlaczek Richter am Finanzgericht Münster. Nach weiterer Tätigkeit als Steuerberater und Rechtsanwalt ist Herr Sedlaczek seit 2007 Partner der SPS Steuern und Recht® GmbH in Berlin. Als Fachanwalt für Medizinrecht ist er spezialisiert auf die Fachberatung im Gesundheitswesen. Er ist zudem Gesellschafter der Arztrechtsnetz EWiV, ein Zusammenschluss von Rechtsanwälten, die medizinische Leistungserbringer in allen Fragen des Gesundheitswesens beraten.

Einleitung

© Springer-Verlag GmbH Deutschland, ein Teil von Springer Nature 2020
G. Bierling et al., *Zahnarztpraxis - erfolgreiche Übernahme und Gründung*, Erfolgskonzepte Zahnarztpraxis & Management, https://doi.org/10.1007/978-3-662-57812-4_1

1

■ Warum dieses Buch?

Die Frage, ob man den Weg in die Selbstständigkeit wagen soll oder nicht, hat sich vermutlich jeder Zahnarzt bereits mehrfach im Laufe seines Berufslebens gestellt. Hat er diese Frage für sich mit ja beantwortet, gibt es im Grunde nur zwei Möglichkeiten, sich selbstständig zu machen: die Übernahme einer bereits bestehenden Praxis oder die Neugründung einer solchen. Genau diese beiden Herangehensweisen sind Gegenstand dieses Buches. Es soll einen Überblick über alle relevanten Themen rund um die Selbstständigkeit und ihre Anfänge vermitteln und den Weg in diese ebnen.

Von vielen Zahnärzten wird zu Beginn die Übernahme einer bereits bestehenden Praxis favorisiert. Grund hierfür ist, dass dies meist einfacher erscheint als eine Neugründung, steht doch eigentlich bereits alles Wichtige, wie Technik, Personal und Patienten zur Verfügung. Aufgrund der in den vergangenen Jahren immer umfassender gewordenen rechtlichen Rahmenbedingung und damit einhergehenden Veränderung im Gesundheitswesen ist aber auch die Praxisübernahme ein durchaus vielschichtiger und komplexer Vorgang geworden. Jeder Zahnarzt sollte sich daher unbedingt darüber im Klaren sein, dass auch eine Praxisübernahme längerfristig geplant sein sollte. Vieles gilt es zu beachten und umzustrukturieren um den Weg in die Niederlassung letztlich erfolgversprechend zu beschreiten.

So sollten bis zur Eröffnung der Praxis alle wichtigen Fragen rund um die Praxisübernahme geklärt sein. Auch die eigenen Ziele und Visionen gilt es im Vorfeld klar und deutlich herauszuarbeiten. Eine nicht nur frühzeitige, sondern vor allem auch fachmännische Beratung kann sich dabei als hilfreicher Weggefährte in die erfolgreiche Niederlassung erweisen.

Wie Eingangs bereits erwähnt, wirkt sich im Hinblick auf eine Praxisübernahme der Umstand, dass von gut ausgestatteten Räumlichkeiten, mit Arbeitsabläufen und Patienten vertrauten Mitarbeitern und vor allem einem bestehenden Patientenstamm profitiert werden kann, besonders attraktiv auf den potenziellen Praxisübernehmer aus. Vor allem der bislang stetig gestiegene Anteil bereits niedergelassener aber abgabewilliger Zahnärzte bietet einen weiteren Anreiz für die Praxisübernahme.

Wer eine Praxis übernimmt, profitiert jedoch nicht nur von bereits funktionsfähig eingerichteten Räumlichkeiten, einem eingespielten Team sowie Patientenstamm. Auch kann auf bislang erfolgsversprechende Vorgehensweisen oder Zahlen des Vorgängers zurückgegriffen werden. Dies stellt zwar keine hundertprozentig verlässliche Prognose für die Zukunft dar. Für den Praxisübernehmer bildet dies allerdings ein gewisses Fundament, auf welchem er aufbauen kann.

Bei der Neugründung einer Zahnarztpraxis ist es hingegen notwendig, dass sämtliche Bereiche neu geplant und von Grund auf neu aufgebaut werden müssen. So müssen beispielsweise nicht nur Praxisräume angemietet und eingerichtet, sondern auch Personal eingestellt und Patienten akquiriert werden. Anders als bei der Übernahme einer bereits bestehenden Zahnarztpraxis ist hier ein viel höheres Maß an Planung notwendig. Naturgemäß ist daher die Neugründung grundsätzlich mit viel mehr Unwägbarkeiten behaftet, da es keine Basis gibt, auf welche aufgebaut werde kann.

Die Autoren dieses Buches sind Juristen, Steuerberater und Betriebswirte, welche seit vielen Jahren Zahnärzte gerade auch im Hinblick auf eine Praxisübernahme beraten und vertreten.

Das Autorenteam gewährleistet damit höchste Aktualität unter Einbindung von praxisbewährten Strategien für eine erfolgreiche Praxisübernahme.

Der Unternehmer

© Springer-Verlag GmbH Deutschland, ein Teil von Springer Nature 2020
G. Bierling et al., *Zahnarztpraxis - erfolgreiche Übernahme und Gründung*, Erfolgskonzepte
Zahnarztpraxis & Management, https://doi.org/10.1007/978-3-662-57812-4_2

Ausschlaggebend für die Entscheidung, den Schritt in die Selbstständigkeit zu wagen, dürfte für viele wohl die Überzeugung sein, dass man als Arbeitgeber – und mithin als Unternehmer – reich, unabhängig und erfolgreich ist. Als Angestellter ist man hingegen weisungsgebunden, abhängig und auch die Einkünfte fallen deutlich schlechter aus.

Dabei wird oftmals verkannt, dass der Weg in die Selbstständigkeit keineswegs ein Selbstläufer ist. Die Entscheidung, eine eigene Praxis zu führen, bedeutet für den Praxisübernehmer beziehungsweise den Praxisgründer vor allem unternehmerisch aufzutreten. Gerade hier betreten viele Zahnärzte Neuland. Der Praxisübernehmer beziehungsweise Praxisgründer wird mit etlichen Themen konfrontiert werden, mit denen er sich als Arbeitnehmer niemals auseinandersetzen musste und die ihm bislang auch niemand beigebracht hat. An dieser Stelle sei beispielsweise die Auswahl und die Anleitung von Mitarbeitern genannt. Zwar hat jeder eine eigene Vorstellung darüber, wie Mitarbeiter geführt werden sollten. Wie genau man allerdings Mitarbeiter führt, dafür hat der in die Selbstständigkeit Tretende regelmäßig keinerlei Ausbildung erhalten. Sein Führungsstil hängt daher im Wesentlichen von seiner Persönlichkeit und seinen persönlichen Erfahrungen ab. Letztendlich entscheidet damit der Zufall darüber, ob eine solche Personalführung erfolgreich ist. Auch wird er zusätzlich mit Problemen konfrontiert werden, mit welchen er zunächst nicht gerechnet hat. So kann beispielsweise ein Problem bei der Finanzierung der Praxis durch die Bank auftreten. Gegebenenfalls überzeugt das vorgelegte Konzept die Bank nicht oder sie fordert Sicherheiten, die der – künftige – Unternehmer zu diesem Zeitpunkt nicht bieten

kann. Auch hier ist der Unternehmer nunmehr gefordert eine Lösung zu finden, um seine Idee zu realisieren. Als Unternehmer muss er plötzlich „nicht nur" seinen fachlichen Bereich beherrschen, sondern sich unter anderem auch mit Finanzen, Steuern, Personalführung, Organisation und Kunden auseinandersetzen. Er allein trägt die Verantwortung für Erfolg und Misserfolg der Praxis. So kann er sich nicht auf die Position zurückziehen, dass dies nicht sein Job sei, für den er nicht bezahlt werde. Die oben genannten Beispiele sollen gerade verdeutlichen, dass der Arbeitgeber im Gegensatz zum Arbeitnehmer nicht seine Arbeitsleistung, sondern zusätzlich den Erfolg schuldet. Denn nur ein erfolgreiches Unternehmen und mithin eine erfolgreiche Praxis erwirtschaftet die Gewinne, die ein Unternehmer braucht, um über den Praxisbetrieb hinaus auch seine private Lebensführung zu bestreiten.

Selbständig zu sein bedeutet, eine Vision zu haben, diese umzusetzen und auftretende Hindernisse und Probleme zu überwinden. Hieran scheitern bereits viele Unternehmer, weil sie sich trotz fachlich guter Qualifikationen keine Vorstellung über die Vielschichtigkeit ihrer unternehmerischen Aufgaben machen. Dabei spielt es keine Rolle, ob man als Freiberufler eine Zahnarztpraxis oder als Gewerbetreibender einen Warenhandel, einen Handwerksbetrieb oder ein Industrieunternehmen führt. Zwar ist die Arbeit ebenso unterschiedlich wie die Spielregeln der jeweiligen Branche. Aber ein Punkt ist immer gleich: so bedarf es eines Unternehmers der handelt, um sein Ziel zu erreichen. Einen groben Überblick über die Komplexität und Vielschichtigkeit eines Unternehmens bietet die sogenannte Balanced Scorecard (BSC).

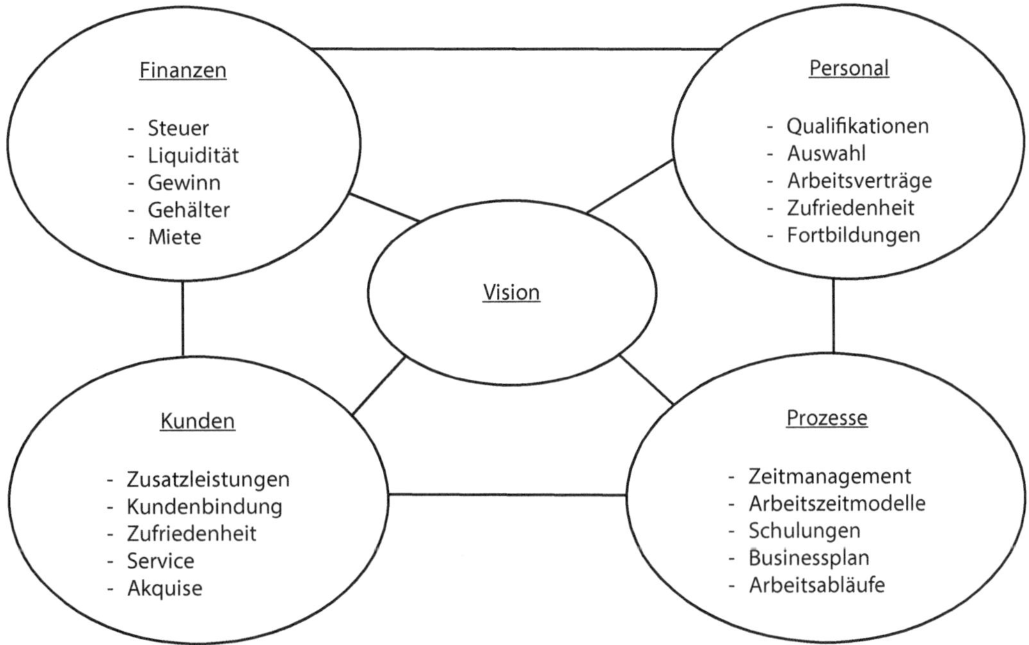

Mithilfe des Modells der Balanced Scorecard hat jeder Unternehmer beziehungsweise jeder Zahnarzt die Möglichkeit, die vier wesentlichen Aspekte seines Unternehmens, folglich seiner Praxis, im Blick zu halten. Umfasst sind die Bereiche Finanzen, Personal, Kunden und Prozesse. Untrennbar miteinander verbunden sind diese Bereiche durch die Vision des Unternehmers. Aufgrund der engen Verbundenheit der einzelnen Bereiche miteinander hat bereits jede noch so kleine Veränderung innerhalb eines einzigen Bereichs Konsequenzen für andere Bereiche. Eine isolierte Betrachtung der Bereiche darf daher keinesfalls erfolgen. Der Unternehmer läuft sonst Gefahr, wesentliche Veränderungen in anderen Bereichen zu missachten und hat gegebenenfalls später nicht mehr die Möglichkeit, etwaige Gegenmaßnahmen zu ergreifen.

Tritt das Praxispersonal beispielsweise gegenüber den Patienten unfreundlich und nicht hilfsbereit auf, so wirkt sich dieses Verhalten auf die Patientenbindung aus. Es fallen unter Umständen nicht nur einige, sondern sogar mehrere (Stamm-) Patienten weg, was sich, insbesondere verstärkt durch Bewertungsportale im Internet, in stark sinkenden Patientenbehandlungen niederschlägt, die wiederum zu weniger Umsatz führen, eine Umstrukturierung der Arbeitsprozesse innerhalb der Praxis bedeuten und letztlich – und im schlimmsten Fall – sogar den Abbau von Praxispersonal bedeuten kann.

Alleine oder gemeinsam?

© Springer-Verlag GmbH Deutschland, ein Teil von Springer Nature 2020
G. Bierling et al., *Zahnarztpraxis - erfolgreiche Übernahme und Gründung*, Erfolgskonzepte
Zahnarztpraxis & Management, https://doi.org/10.1007/978-3-662-57812-4_3

Steht der Entschluss einmal fest, sich selbstständig zu machen, so gilt es eine grundlegende Frage zu klären. Was genau will ich eigentlich? Arbeite ich lieber allein oder im Team und wenn ja, wie genau? Auch hier existiert eine Vielzahl an Gestaltungsmöglichkeiten. Genannt seien hier beispielsweise die Übernahme einer Einzelpraxis, die freiberufliche Arbeit in einer Berufsausübungsgemeinschaft (BAG), einem Medizinischen Versorgungszentrum (MVZ) oder in einer Praxisgemeinschaft.

Eine lange schon nicht mehr zutreffende Annahme ist die, dass niedergelassene Zahnärzte immer Einzelkämpfer sind. Die Vorteile der Arbeit im Team weiß dabei nicht nur der zahnmedizinische Nachwuchs zu schätzen. Bereits viele angehende Zahnärzte streben danach, später mit Kollegen unterschiedlichster Fachrichtungen zu kooperieren. Vor allem für Zahnärztinnen ist die Vereinbarkeit von Familie und Beruf ein wichtiger Gesichtspunkt, der aufgrund einer oft eingeschränkten zeitlichen Verfügbarkeit für eine Arbeit im Team spricht.

Ist man eher ein „Einzelkämpfer", weil man – mit Ausnahme der Praxismitarbeiter – auf nichts und niemanden Rücksicht nehmen will, nach eigenem Gutdünken schalten und walten und so unabhängig wie möglich sein will, ist die Entscheidung recht einfach. Dann stellt die Übernahme einer Einzelpraxis die beste und wohl auch einzige Möglichkeit dar.

Ist man eher der klassische „Teamplayer", so bieten sich gleich zwei Möglichkeiten an:

So besteht zum einen die Möglichkeit der Übernahme eines Anteils an einer Berufsausübungsgemeinschaft beziehungsweise einer Gemeinschaftspraxis (seit einer Gesetzesänderung im Jahre 2007 spricht das Recht der gesetzlichen Krankenversicherung beinahe ausnahmslos von Berufsausübungsgemeinschaften, wenn auch beide Begriffe identisch sind), also eines Praxisanteils. Zum anderen ist der Einstieg in ein Medizinisches Versorgungszentrum möglich. Was in diesem Zusammenhang nämlich vielleicht nicht allgemein bekannt ist, ist die Tatsache, dass es in einem Medizinischen Versorgungszentrum nicht nur die Möglichkeit gibt, als angestellter Zahnarzt, sondern auch als freiberuflicher Vertragszahnarzt „an" einem Medizinischen Versorgungszentrum zu arbeiten.

Aber wie so oft im Leben gibt es nicht nur ein Schwarz oder Weiß. Auch die Übernahme einer Einzelpraxis zusammen mit einem Teil an einer Praxisgemeinschaft, die Gründung einer solchen oder anderer Schattierung einer derartigen Organisationsgemeinschaft, wie beispielsweise einer Apparategemeinschaft, bei welcher lediglich medizinische Geräte geteilt werden, sind möglich.

Bei einer Berufsausübungsgemeinschaft findet, wie der Name schon sagt, eine gemeinsame Ausübung des ärztlichen Berufs, ein gemeinsamer Auftritt und ein gemeinsames Handeln im Namen der Gesellschaft „nach außen" und damit gegenüber Dritten, beispielsweise Patienten, statt. Dies gilt unabhängig davon, welche Gesellschaftsform die Berufsausübungsgemeinschaft gewählt hat. Hier kommen neben der häufigsten Form als Gesellschaft bürgerlichen Rechts (GbR) eine Partnerschaftsgesellschaft (PartG) oder, je nach Ausgestaltung des von der zuständigen Zahnärztekammer geregelten Berufsrechts, auch weitere Gesellschaftsformen in Betracht. Genannt sei hier zum Beispiel die Partnerschaftsgesellschaft mit beschränkter Berufshaftung (PartG mbB) oder die Genossenschaft.

Bei einer Organisationsgemeinschaft übt demgegenüber jeder strikt getrennt von anderen Kollegen seinen Beruf aus und handelt gegenüber Dritten selbständig. Man tritt daher auch allein „nach außen" auf, teilt sich aber mit anderen Kollegen sachliche (zum Beispiel medizinische Großgeräte) und/oder personelle Mittel, um so als Kostengemeinschaft Synergieeffekte zu nutzen und Kosten sparen zu können. Bei einer Praxisgemeinschaft, dem häufigsten Fall der Organisationsgemeinschaft, könnte man daher auch von einer Art „Ärzte-WG" sprechen.

Jeder wirtschaftet also allein für sich und auf eigenes (unternehmerisches) Risiko, kann also grundsätzlich frei entscheiden, teilt sich aber den Kostenblock und hat sozusagen, sofern dies gewollt ist, doch Kontakt mit Kollegen (wobei selbstverständlich die ärztliche Schweigepflicht untereinander zu wahren ist).

Sofern man sich selbst nicht ganz klar und eindeutig – bereits aufgrund der eigenen Natur – in eine der vorgenannten Kategorien einordnen kann, so sollte man sich die Vor- und Nachteile vergegenwärtigen, die jede der vorgenannten Möglichkeiten hat und diese untereinander abwägen. So bieten Kooperationen zahlreiche Vorteile:

Man teilt sich Investitions- und Betriebskosten sowie Ressourcen, wie Personal, Räumlichkeiten oder Geräte, aber auch das wirtschaftliche Risiko. Außerdem besteht die Möglichkeit zu fachlichem (Erfahrungs-) Austausch mit Kollegen, man kann sich den Verwaltungsaufwand teilen, seinen Patienten gegebenenfalls auch ein breiteres Leistungsspektrum bieten, verfügt über größere Marktmacht, beispielsweise in Bezug auf die Abnahme größerer Mengen und kann sich nicht nur im Hinblick auf die Vereinbarkeit von Familie und Beruf, sondern auch im Hinblick auf eine optimale Work-Life-Balance zusammen mit den Kollegen flexibel die Arbeitszeiten aufteilen. Aber nicht nur die Kollegen untereinander, sondern auch die Patienten können von solchen Kooperationen profitieren. So können unter Umständen längere Wartezeiten vermieden, Behandlungen durch mehrere Zahnärzte besser koordiniert und damit auch Doppeluntersuchungen vermieden werden. Letzteres freut selbstverständlich auch die Krankenkassen.

Aber auch die Einzelpraxis, die nach wie vor die am häufigsten gewählte Option der Niederlassung darstellt, hat viele Vorteile zu bieten:

So kann der Praxisinhaber flexibel seine Arbeits- und Freizeit gestalten. Er kann seine Praxis nach den eigenen Vorstellungen organisieren und den medizinischen Zuschnitt der Praxis festlegen, aber auch jederzeit wieder abändern. Er ist wirtschaftlich und organisatorisch weitest möglich unabhängig und muss sich mit niemandem abstimmen und grundsätzlich niemandem Rechenschaft ablegen. Möchte er nicht völlig allein arbeiten, so kann er sich in Form einer Praxisgemeinschaft oder eines Praxisnetzes organisieren. Er kann aber auch Zahnärzte anstellen und sich so teilweise die Vorteile einer Berufsausübungsgemeinschaft oder eines Medizinischen Versorgungszentrums sichern.

Im Umkehrschluss daraus hat der Praxisinhaber als Einzelunternehmer auch alle Kosten für Personal, Praxisräumlichkeiten, Geräte etc. allein zu tragen. Er hat – Chance und Risiko zugleich – die volle und alleinige Verantwortung für seinen wirtschaftlichen Erfolg und muss im Falle von Urlaub, Krankheit und sonstiger Abwesenheit seine Vertretung selbst organisieren.

Hat man sich nun gegen die Übernahme einer Einzelpraxis und für eine Kooperation entschieden, muss man eine weitere Entscheidung fällen und sich auf eine Kooperationsform festlegen.

Bei einer Berufsausübungsgemeinschaft werden die Patientenakten gemeinsam geführt und insbesondere auch entsprechend der Behandlungsverträge zwischen der Praxis und dem Patienten geschlossen. Die Partner teilen sich neben den Patienten von den Praxisräumen über das Personal, die Praxisausstattung, die Praxisverwaltung bis hin zur Abrechnung, die für die gesamte Praxis erstellt wird, alles. Auch können sich die Partner untereinander problemlos vertreten.

Nachteilig an einer Berufsausübungsgemeinschaft, die weit überwiegend in Form einer Gesellschaft bürgerlichen Rechts organisiert ist, sind demgegenüber die Haftungsrisiken. Man haftet nämlich nicht nur für eigenes Verhalten und Verschulden, wie beispielsweise bei einem Behandlungsfehler, sondern kann als Mitgesellschafter – als sogenannter Gesamtschuldner – auch von solchen Patienten herangezogen werden, die ausschließlich von einem anderen Kollegen behandelt wurden. Zu beachten ist dabei insbesondere, dass diese Haftung nicht etwa mit dem eigenen Ausscheiden aus der Berufsausübungsgemeinschaft endet. Vielmehr gilt im Wege der sogenannten Nachhaftung grundsätzlich noch eine Einstandspflicht von fünf Jahren nach dem Ausscheiden. Diese Risiken lassen sich jedoch gut über entsprechende und vor allem aufeinander abgestimmte Berufshaftpflichtversicherungen (bei möglichst demselben Versicherungsunternehmen) der Partner einer Berufsausübungsgemeinschaft in den Griff bekommen. Diese Haftungsrisiken können zudem durch die Wahl der Partnerschaftsgesellschaft als Gesellschaftsform reduziert und durch die Wahl der neuen Gesellschaftsform der Partnerschaftsgesellschaft mit beschränkter Berufshaftung (PartG mbB) ausgeschlossen werden, sofern diese vom einschlägigen Berufsrecht und dem zuständigen Zulassungsausschuss akzeptiert wird.

Ein weiterer Nachteil kann selbstverständlich auch sein, dass man sich mit seinen Kollegen abstimmen und zumindest wichtige Entscheidungen gemeinsam, gegebenenfalls sogar einstimmig, treffen muss. Zwingend erforderlich ist ein Gesellschaftsvertrag, in dem es verschiedene gesellschaftsrechtliche Punkte zu regeln gilt, welcher auch gelebt werden muss und nach dem man sich im Zweifel auch zu richten hat. Die Berufsausübungsgemeinschaft muss vom Zulassungsausschuss genehmigt und der Gesellschaftsvertrag der zuständigen Zahnärztekammer vorgelegt werden. Auch gibt es verschiedene steuerliche Gesichtspunkte zu klären und zu regeln, um nicht unnötig vom Finanzamt – gerade in der Aufbauphase der jungen Praxis – herangezogen zu werden.

Zuletzt ist zu beachten, dass bei einer Berufsausübungsgemeinschaft die Anzahl der angestellten Zahnärzte begrenzt ist. Hier können je Vertragszahnarzt maximal drei bis vier Zahnärzte (bei Vertragszahnärzten, die überwiegend medizinisch-technische Leistungen erbringen) angestellt werden. Nicht als angestellte Zahnärzte in diesem Sinne zählen Assistenten und Vertreter.

Bei einem Medizinischen Versorgungszentrum handelt es sich um eine ärztlich geleitete und zentral verwaltete Einrichtung, bei der die Anzahl angestellter Zahnärzte im Gegensatz zu einer Berufsausübungsgemeinschaft grundsätzlich unbeschränkt ist.

Inhaber der Zulassung ist nicht der einzelne Vertragszahnarzt, sondern das Medizinische Versorgungszentrum, welches auch den Behandlungsvertrag mit dem Patienten schließt. Nur Vertragszahnärzte, Krankenhäuser, Kommunen und einige weitere Träger dürfen ein Medizinisches Versorgungszentrum gründen. Neben der Rechtsform der Gesellschaft bürgerlichen Rechts können hier weitere Gesellschaftsformen, wie beispielsweise auch die Gesellschaft mit beschränkter Haftung (GmbH) mit all ihren Vor- und Nachteilen, gewählt werden. Die Wahl der richtigen Gesellschaftsform sollte dabei aber umso sorgfältiger erfolgen, als hier weit mehr steuerliche Fragen aufgeworfen werden (wie zum Beispiel die Frage der Gewerbesteuerpflicht), die einer sorgfältigen Lösung zugeführt werden müssen.

Das Medizinische Versorgungszentrum führt im Vergleich zu einer Einzelpraxis zu ähnlichen Kostenersparnissen wie eine Berufsausübungsgemeinschaft. Auch bei einem Medizinischen Versorgungszentrum können Arbeitszeiten flexibel gestaltet werden. Gerade für junge Zahnärzte ohne Erfahrungen im ambulanten Sektor bietet es einen einfachen Einstieg in diesen, da die Abrechnung zentral vom Medizinischen Versorgungszentrum für alle Zahnärzte erstellt wird und man damit etwas leichter in die komplexen, von denen einer Klinik völlig unterschiedlichen, Abrechnungsstrukturen „hineinwachsen" kann. Bei einem Medizinischen Versorgungszentrum sind Kooperationen mit nicht zahnärztlichen Gesundheitsberufen unproblematisch möglich. Das Medizinische Versorgungszentrum bedarf allerdings einer exakten Aufbau- und Ablauforganisation sowie ärztlicher Leitung, die ihrerseits Kosten verursacht und dazu beiträgt, dass es zugleich auch deutlich unflexibel wird. Zudem muss die Gewinnverteilung klar geregelt sein. Auch muss eine Genehmigung des Zulassungsausschusses eingeholt werden.

Bei der Praxisgemeinschaft trägt grundsätzlich jeder sein wirtschaftliches Risiko allein, was aber durch die Teilung der Kosten abgemildert wird. Der Beruf wird allein ausgeübt, die Patienten daher grundsätzlich allein behandelt und die Leistungen jeweils allein abgerechnet. Die Patientenakten müssen demgemäß also strikt getrennt aufbewahrt und vor dem Zugriff des jeweils anderen Zahnarztes geschützt werden. Die Entscheidungsfreiheit ist grundsätzlich groß. Im Gegensatz zur Berufsausübungsgemeinschaft, einem Medizinischen Versorgungszentrum oder auch einer Einzelpraxis muss die Gründung einer Praxisgemeinschaft vom Zulassungsausschuss nicht genehmigt, sondern nur gegenüber der Kassenzahnärztlichen Vereinigung angezeigt werden. Auch hier sollte ein entsprechender Gesellschaftsvertrag geschlossen werden. Dieser wird nicht zuletzt auch oft dem Finanzamt gegenüber als Nachweis für Betriebsausgaben benötigt.

Zudem rücken besonders Praxisgemeinschaften verstärkt in den Fokus der sogenannten Plausibilitätsprüfung, wenn sich die Partner einer Praxisgemeinschaft – bei Fachidentität grundsätzlich zulässig, aber zu häufig – gegenseitig vertreten. Im Rahmen der Plausibilitätsprüfung untersuchen die Kassenzahnärztlichen Vereinigungen, inwieweit die Abrechnungen der Praxen auffällig, da implausibel, sind. Anhand sogenannter Zeitprofile, die bei vielen Leistungen im einheitlichen Bewertungsmaßstab (EBM) hinterlegt sind, wird dabei untersucht, ob es in rein zeitlicher Hinsicht möglich ist, dass ein Zahnarzt die abgerechneten Leistungen auch tatsächlich alle vollständig erbracht haben kann. Ein Tag hat eben nur 24 Stunden beziehungsweise bei der Kassenzahnärztlichen Vereinigung nur 12 und ein Quartal nur 780 Stunden.

Hier wird je nach Häufigkeit (Anteil identischer Patienten über 20 Prozent bei versorgungs-bereichsidentischen Praxen und über 30 Prozent bei versorgungsbereichsübergreifenden Praxen) der gegenseitigen Vertretung beziehungsweise der Patientenidentität vermutet und damit unterstellt, dass die Kooperationsform der Praxisgemeinschaft missbraucht wird und in Wirklichkeit eine Berufsausübungsgemeinschaft vorliegt. Dies hat zur Folge, dass die Partner versuchen müssen, die Kassenzahnärztliche Vereinigung vom Gegenteil zu überzeugen.

Hintergrund unter Honorargesichtspunkten ist dabei insbesondere, dass zwar Praxisgemeinschaften den Kooperationszuschlag nicht erhalten, diese dafür aber als zwei „normale" und damit voneinander völlig unabhängige Einzelpraxen auch jeden Behandlungsfall jeweils vollständig abrechnen können (zum Beispiel bei Grundpauschalen). Dies stellt insoweit gegenüber einer Berufsausübungsgemeinschaft, in der alle Zahnärzte gemeinsam einen Patienten behandeln und entsprechend auch nur ein Behandlungsvertrag zwischen der Praxis und dem Patienten geschlossen wird und auch nur ein Behandlungsfall beziehungsweise „Schein" abgerechnet werden kann, einen (wirtschaftlichen) Vorteil dar. Es sollte also genau darauf geachtet werden, nicht zu viele Patienten über Vertretungsscheine nebeneinander zu behandeln und die Kooperationsformen der Praxisgemeinschaft und der Berufsausübungsgemeinschaft sauber zu trennen, um nicht mit Honorarrückforderungen, zu denen eine festgestellte Implausibilität der Abrechnung führen kann, rechnen zu müssen.

■ **Zusammenfassung**

Mit anderen Worten: Bei der Wahl zwischen den Kooperationsformen der Praxisgemeinschaft und der Berufsausübungsgemeinschaft gibt es nur ein Schwarz oder Weiß.

Wenn man für sich geklärt hat, ob man alleine oder gemeinsam mit anderen tätig werden will, dann stellt sich die Frage, ob man eine Praxis oder einen Praxisanteil erwerben oder eine neue Praxis alleine oder mit anderen gründen will.

Möchte man gemeinsam mit anderen arbeiten, aber keine neue Praxis gründen, so gibt es eine Vielzahl von Möglichkeiten, dies zu bewerkstelligen. Die einschlägigsten Möglichkeiten seien hier aufgezählt:

- Kooperation mit anderen Zahnärzten im Rahmen einer Praxisgemeinschaft, um im Nachgang mit diesen eine Gemeinschaftspraxis zu gründen.
- Anstellung in einer Zahnarztpraxis, um den Anteil eines bald ausscheidenden Gesellschafters zu übernehmen.
- Direkter Kauf eines Praxisanteils.

Natürlich gibt es auch zahlreiche weitere Möglichkeiten und Abwandlungen. Die zuvor genannten bilden allerdings den Kernbereich der Möglichkeiten. Natürlich bieten all diese Möglichkeiten Vorteile und hängen immer vom konkreten Einzelfall ab.

Eine Neugründung setzt eine viel umfangreichere Vorbereitung und Umsetzung voraus. Diese wird ausführlich im Nachgang behandelt werden.

Wo bekommt der niedergelassene Zahnarzt sein Geld her?

Inhaltsverzeichnis

© Springer-Verlag GmbH Deutschland, ein Teil von Springer Nature 2020
G. Bierling et al., *Zahnarztpraxis - erfolgreiche Übernahme und Gründung*, Erfolgskonzepte
Zahnarztpraxis & Management, https://doi.org/10.1007/978-3-662-57812-4_4

4

Der Beruf des Zahnarztes gehört historisch zu den freien Berufen. Ein Freiberufler übt grundsätzlich kein auf Gewinnerzielung gerichtetes Gewerbe aus. Hier steht die Erbringung von besonderen – höherwertigen – Diensten im Vordergrund, bei Zahnärzten namentlich die zahnärztliche Heilbehandlung. Aber natürlich muss auch ein Freiberufler seinen Lebensunterhalt bestreiten. Er muss Einnahmen erzielen. Eine Besonderheit der freien Berufe ist dabei, dass diese gerade nicht frei in der Erhebung ihrer Honorare sind. Der Gesetzgeber hat diesbezüglich unter unterschiedlichen Gesichtspunkten konkrete Vergütungsregelungen, d. h. das jeweilige Honorarrecht, erlassen. Ärzte, Zahnärzte, Rechtsanwälte, Notare, Architekten und Steuerberater müssen anhand genauer gesetzlicher Vorgaben ihr jeweiliges Honorar ermitteln, in engen Grenzen sind hier Abweichungen möglich. Bei den Heilberufen kommt hinzu, dass in Deutschland ein zweigeteiltes medizinisches Vergütungssystem besteht. Auf der einen Seite steht hier das System der gesetzlichen Krankenversicherung, wobei ca. 90 Prozent der Bevölkerung gesetzlich krankenversichert sind.

Neben diesem gesetzlichen Gesundheitssystem besteht weiterhin die private Krankenversicherung. Etwa 10 Prozent der Bevölkerung sind privat krankenversichert. Die so versicherten Patienten leisten einen monatlichen Beitrag der sich nicht an deren Einkommen, sondern am jeweiligen konkreten Risiko orientiert. Privat versicherte Patienten sind entweder Selbstständige oder Angestellte, welche aufgrund ihres Einkommens die Pflichtversicherungsgrenze verlassen und die gesetzliche Krankenversicherung verlassen haben. Wird die Pflichtversicherungsgrenze überschritten, kann der jeweilige Patient wählen, ob er weiterhin Mitglied einer Krankenkasse bleiben möchte oder aber zu einer privaten Krankenversicherung wechseln.

Dieser Dualismus des deutschen Gesundheitssystems schlägt sich auch in der Vergütungssystematik nieder. Für Zahnärzte bestehen hier einige Besonderheiten, die nachfolgend erläutert werden.

4.1 Vergütung in der gesetzlichen Krankenversicherung

Damit ein Zahnarzt überhaupt gesetzlich versicherte Patienten behandeln darf, benötigt er eine Zulassung zur ambulanten vertragszahnärztlichen Versorgung. Diese Zulassung wird durch den regional zuständigen Zulassungsausschuss für Zahnärzte erteilt, die Geschäftsstellen befinden sich bei den Kassenzahnärztlichen Vereinigungen oder bei deren Bezirksstellen. Nach Zulassung zur ambulanten vertragszahnärztlichen Versorgung nimmt der jeweilige Zahnarzt an der Honorarverteilung der jeweiligen Kassenzahnärztlichen Vereinigung Teil. Im Rahmen des Sachleistungsprinzips kaufen die gesetzlichen Krankenkassen die Behandlungsleistungen, die sie grundsätzlich selbst erbringen müssten, bei den niedergelassenen Zahnärzten ein. Sie stellen hierzu den Kassenzahnärztlichen Vereinigungen einen bestimmten Geldbetrag zur Verfügung, mit dem die Versorgung der gesetzlich versicherten Patienten in einer Region, regelmäßig innerhalb des Zuständigkeitsbereiches einer Kassenzahnärztlichen Vereinigung, sichergestellt werden soll. Dieser Geldbetrag wird jährlich festgeschrieben und stellt das Budget dar. Alle zugelassenen Zahnärzte teilen sich dieses Budget. Dementsprechend werden in der gesetzlichen Krankenversicherung die einzelnen Leistungen des Zahnarztes nicht mit einem festen Betrag vergütet. Es wird stattdessen ein Punktwert festgelegt, der auf eine bestimmte Leistung entfällt. Bei der Bemessung des Budgets wird der Wert eines jeden Abrechnungspunktes in Euro festgelegt. Den konkreten Wert einer Leistung erhält man also, wenn man den jeweils regional gültigen

Punktwert mit der Summe an Punkten multipliziert, die für eine bestimmte Leistung festgelegt wurde. Der Katalog dieser Leistungen ist der einheitliche Bewertungsmaßstab für zahnärztliche Leistung (BEMA). In diesem Verzeichnis finden sich alle in der gesetzlichen Krankenversicherung anerkannten Leistungen, die der jeweilige Zahnarzt dann mit der für ihn zuständigen Kassenzahnärztlichen Vereinigung abrechnen muss. Dazu wird jedem niedergelassenen Zahnarzt als Kalkulationsgrundlage zu Beginn eines Quartals mitgeteilt, welche Summe an Punkten er grundsätzlich vom vollen Punktwert mit der Kassenzahnärztlichen Vereinigung abrechnen kann (Budget der Praxis). Überschreiten die vom Zahnarzt erbrachten Leistungen das ihm zugewiesene Budget, so sinkt der Wert der einzelnen Leistungen. Er erhält dann nicht mehr den vollen Wert der Leistung vergütet, sondern diese Leistungen abzüglich der sich aus der besonderen Honorarverteilungssystematik der Kassenzahnärztlichen Vereinigung ergebenden Betrag.

Die wesentliche Aufgabe der Kassenzahnärztlichen Vereinigungen ist es, dass für Zahnärzte zur Verfügung gestellte Budget unter allen zu verteilen. Hierzu stellen die Kassenzahnärztlichen Vereinigung genaue Regelungen, den sogenannten Honorarverteilungsmaßstab, auf. Hierin wird genau geregelt, wie sich das Honorar zwischen den niedergelassenen Zahnärzten verteilt. Anhand dieser Regeln kann genau festgestellt und berechnet werden, welches Honorar dem jeweiligen Zahnarzt zur Verfügung steht. Erbringen alle Zahnärzte innerhalb des Zuständigkeitsbereiches einer Kassenzahnärztlichen Vereinigung doppelt so viele Leistungen wie ursprünglich dem Budget zu Grunde gelegt wurden, so halbiert sich der Wert des einzelnen Abrechnungspunktes.

Allerdings deckt die gesetzliche Krankenversicherung eben nicht alle typischen zahnärztlichen Leistungen ab, bestimmte Leistungen wurden schon vor vielen Jahren aus dem Leistungskatalog herausgenommen. Dies sind regelmäßig die Leistungen des Zahnersatzes. Hier erhält der gesetzlich versicherte Patient keine Erstattung sämtlicher Leistungen. Er muss diese regelmäßig überwiegend selbst zahlen, ein Teil des Zahnersatzes wird dann zu Festbeträgen nur noch bezuschusst.

4.2 Private Krankenversicherung/ Selbstzahler/IGEL

Bei der Behandlung von Patienten, die ihre Behandlungskosten selbst tragen (so genannte Selbstzahler oder privat krankenversicherte Patienten), findet der BEMA keine Anwendung, sondern die Gebührenordnung für Zahnärzte (GOZ). Auch hier hat der Gesetzgeber genau festgelegt, welches Honorar der Zahnarzt für seine Leistungen fordern darf. Die Gebührenordnung für Zahnärzte enthält ebenfalls einen Katalog zahnärztlicher Leistungen, die jeweils mit einem festen Honorar in Euro bewertet sind. In Abhängigkeit vom konkreten Behandlungsaufwand darf der Zahnarzt dann einen Steigerungsfaktor geltend machen, mit diesem wird der der Leistung zugeordnete Wert so dann multipliziert. Im Zuge des medizinischen Fortschrittes sind jedoch viele Leistungen hinzugekommen, die in der Gebührenordnung für Zahnärzte nicht zu finden sind. Der Zahnarzt ist dann berechtigt und auch verpflichtet, sogenannte Analogziffern anzusetzen, d. h. Leistungen so abzurechnen, dass diesen entsprechenden Leistungen im Katalog zugeordnet werden. Auch diese Abrechnungssystematik ist relativ kompliziert. Rechtlich ist der Zahnarzt verpflichtet, auch hier peinlich genau die von ihm erbrachten Leistungen zu erfassen und geltend zu machen.

Eine Besonderheit stellt dann die Versorgung von gesetzlich versicherten Patienten mit Zahnersatz dar. Da diese Leistungen nicht mehr Inhalt der gesetzlichen Krankenversicherung sind, wird auf diese die Gebührenordnung für Zahnärzte im Wesentlichen angewendet. Der Zahnarzt kann, darf und muss also ausnahmsweise neben der Vergütung, die er durch die zuständige Kassenzahnärztliche Vereinigung für bestimmte Leistungen erhält, auch selbst mit dem jeweiligen Patienten seine Leistungen abrechnen. Allerdings kann der Zahnarzt hier nicht ohne Weiteres sofort Zahnersatzleistungen erbringen. Will der gesetzlich versicherte Patient die in der gesetzlichen Krankenversicherung gewährten Zuschüsse zum Zahnersatz (sogenannte Festzuschüsse) erhalten, muss er die hierfür gegebenen besonderen Regelungen einhalten. Dies umfasst insbesondere die Erstellung eines Heil- und Kostenplanes, denn dann erhält der gesetzlich versicherte Patient einen Teil seiner Behandlungskosten auf Basis eines Zuschusses seiner gesetzlichen Krankenversicherung erstattet. Die übrigen Leistungen werden dann nach der Gebührenordnung für Zahnärzte abgerechnet.

Bestimmte Leistungen werden in der gesetzlichen Krankenversicherung von vornherein von der Erstattung durch die gesetzliche Krankenversicherung ausgeschlossen. Dies können zum Beispiel bestimmte kosmetische Leistungen oder Therapien sein, die noch nicht in den Katalog der gesetzlichen Krankenversicherung aufgenommen wurden. Es steht dem gesetzlich versicherten Patienten jedoch frei, diese Leistungen dennoch in Anspruch zu nehmen. Er muss dann das komplette Honorar auf Basis einer privatzahnärztlichen Abrechnung selbst zahlen. Diese Leistungen, die noch nicht im Katalog der gesetzlichen Krankenversicherung aufgenommen wurden, werden häufig als individuelle Gesundheitsleistungen (IGEL) bezeichnet. Diese sind nichts anderes als Privatleistungen. Die entsprechende Abrechnung erfolgt wie bei allen privat versicherten Patienten. Allerdings muss auch hier genau darauf geachtet werden, dass die Patienten über diesen besonderen Abrechnungsweg frühzeitig informiert werden.

Der Zahnarzt, der über eine Zulassung zur ambulanten vertragszahnärztlichen Versorgung verfügt, ist nicht berechtigt, dieselben Leistungen, die er mit der Kassenzahnärztlichen Vereinigung abrechnen darf, direkt mit dem Patienten abzurechnen. Dies wird auch als das Verbot der Doppelliquidation bezeichnet. Gerade bei individuellen Gesundheitsleistungen kann es vorkommen, dass dem Patienten nicht klar ist, dass er diese Leistungen selbst bezahlen muss. Hier muss eine gesonderte Dokumentation der Einwilligung und Aufklärung erfolgen, dann dürfen diese Leistungen wie alle anderen privatzahnärztlichen Leistungen abgerechnet werden.

4.3 Abrechnung beziehungsweise Forderungsmanagement

Die Abrechnung zahnärztlicher Leistungen ist kompliziert und schwierig. Gerade das Nebeneinander verschiedener Abrechnungssysteme erschwert bei Zahnärzten die Geltendmachung von Honorarforderungen.

Die Abrechnungssystematik bei der Kassenzahnärztlichen Vereinigung beziehungsweise das System der vertragszahnärztlichen Versorgung ist besonders problematisch. Hier erfolgt die Vergütung der erbrachten Leistungen im Rahmen des jeweiligen Budgets der Zahnarztpraxen. Dazu müssen alle in einem Quartal erbrachten Leistungen peinlich genau erfasst und am Ende des Quartals mit der Kassenzahnärztlichen Vereinigung abgerechnet werden. Die genauen Regelungen, wie diese Abrechnungen erfolgen, finden sich in den Honorarverteilungsmaßstäben und in den Abrechnungsordnungen der jeweiligen Kassenzahnärztlichen Vereinigungen. So muss am Ende des Quartals beziehungsweise zu Beginn des Folgequartals eine elektronische Honorarabrechnung bei der zuständigen Kassenzahnärztlichen Vereinigung eingereicht werden. Auf Basis dieser Honorarabrechnung errechnet dann die jeweilige Kassenzahnärztliche Vereinigung entsprechend des Honorarverteilungsmaßstabes das der jeweiligen Praxis zustehende Honorar. Gerade die Dokumentation der einzelnen Leistungen ist dabei äußerst anspruchsvoll. Hinzu kommt, dass der Zahnarzt zwar in seiner zahnärztlichen Therapieentscheidung frei ist, die von ihm erbrachten Leistungen beziehungsweise für sinnvoll erachteten Leistungen aber immer dem Wirtschaftlichkeitsgrundsatz entsprechen müssen. In der gesetzlichen Krankenversicherung gilt als übergeordnetes Prinzip der Wirtschaftlichkeitsgrundsatz. Es dürfen nur solche Leistungen erbracht werden, die medizinisch notwendig und wirtschaftlich sinnvoll sind. Leistungen, die nicht wirtschaftlich sind, können im Rahmen der sachlich-rechnerischen Richtigstellung durch bestimmte Prüfgremien und auch die Kassenzahnärztliche Vereinigung gestrichen werden mit der Folge, dass hierfür kein Honorar gewährt wird.

Auch deshalb stellt das Vergütungssystem des BEMA viele Zahnärzte vor große Hürden. Hier bietet es sich an, frühzeitig sachkundige Hilfe in Anspruch zu nehmen. Sowohl der jeweilige Zahnarzt als auch die mit der Abrechnung betrauten Mitarbeiter sollten sich regelmäßig zu Abrechnungsfragen fortbilden und die einschlägige Fachpresse zur Hand nehmen. Hier finden sich ständig Hinweise auf besondere Abrechnungsprobleme und aktuelle Urteile der Sozialgerichte und des Bundessozialgerichts, aus denen dann abgeleitet werden kann, ob und wie bestimmte Leistungen abgerechnet werden können und müssen. Gerade zu Beginn der Tätigkeit niedergelassener Zahnärzte ist es sinnvoll, sich auch hier von einschlägigen Fachberatern begleiten zu lassen. Erfahrungsgemäß machen die meisten Zahnarztpraxen in den ersten Abrechnungsquartalen vermeidbare Fehler oder werden aufgrund der Häufigkeit bestimmter Leistungen auffällig. Hier können versierte Berater weiterhelfen beziehungsweise dem entgegenwirken.

Ist die jeweilige Honorarverteilung für ein Quartal abgeschlossen, erhält der Zahnarzt seinen abschließenden Honorarbescheid. Aus diesem kann er genau ersehen, welche Leistungen er erbracht hat und wie diese vergütet werden. Um während des gesamten Jahres eine hinreichende Liquiditätsdecke in den Praxen zu belassen, erhalten die Zahnarztpraxen monatliche Abschläge auf das zugeteilte Honorar. Mit diesen im Vorfeld festgelegten Beträgen kann zumindest fest gerechnet werden. Dabei darf natürlich nicht vergessen werden, dass dem zugeteilten Budget eine bestimmte Menge an zu erbringenden Leistung gegenübersteht. Werden weniger Leistungen erbracht, als der jeweiligen Zahnarztpraxis zugeteilt wurden, kann die Kassenzahnärztliche Vereinigung das zuvor zu viel ausgezahlte Honorar zurückfordern.

Das Abrechnungssystem bei der Behandlung von Selbstzahlern oder privatversicherten Patienten ist ebenfalls sehr kompliziert. Sämtliche Leistung müssen hier nach der Gebührenordnung für Zahnärzte abgerechnet werden; sind bestimmte Leistungen im Leistungsverzeichnis nicht zu finden, muss – wie zuvor aufgeführt – eine Analogabrechnung erfolgen. Da die privatversicherten Patienten die Honorarabrechnungen der Zahnärzte zur Erstattung bei ihren jeweiligen privaten Versicherungsunternehmen und Beihilfekassen einreichen, werden diese zunehmend dezidiert geprüft. Gerade dies führt dazu, dass bei etwaigen Abrechnungsunregelmäßigkeiten oder Problemen die jeweiligen Patienten nur eine teilweise Erstattung der Behandlungskosten von ihrer privaten Krankenversicherung erhalten. Auch hier bietet es sich also an, frühzeitig fachkundigen Rat in Anspruch zu nehmen, um Abrechnungsfehler zu vermeiden. Hier darf nicht vergessen werden, dass auch eine fehlerhaft zu niedrige Abrechnung unzulässig ist. Alle Zahnärzte sind gesetzlich verpflichtet, die vom Gesetzgeber festgelegten Honorare geltend zu machen. Das bedeutet aber auch, dass der Zahnarzt tatsächlich alle erbrachten Leistungen abrechnen muss. Das schlichte Vergessen bestimmter Leistungen bedeutet, dass weniger Honorar generiert wird. Gerade wegen der besonderen Schwie-

4

rigkeiten in der Abrechnung privatärztlicher Leistungen und im Hinblick auf einen etwaigen Zahlungsverzug bei Patienten muss überlegt werden, mit der Abrechnung oder Geltendmachung von privatärztlichen Leistungen Verrechnungsstellen zu beauftragen. Diese bieten den Zahnärzten an, auf Basis übermittelter Leistungskataloge die gesamte private Zahnarztrechnung zu erstellen und an den jeweiligen Patienten zu übermitteln. Dazu muss aber der Patient im Vorfeld aus Datenschutzgründen und auch aus berufsrechtlichen Gründen in die Abrechnung durch eine solche privatärztliche Verrechnungsstelle einwilligen. Entsprechende Unternehmen stellen diesbezüglich Formulare bereit, die der Patient in der Praxis unterschreiben muss. Eine Besonderheit ist hierbei das Factoring: viele Verrechnungsstellen bieten den Zahnärzten an, dass die erbrachten Leistungen auf Basis der erstellten Rechnungen unmittelbar von der Verrechnungsstelle vergütet werden und diese dann die Honorare bei den jeweiligen Patienten beitreiben. Man erhält also sofort im Rahmen der jeweiligen vertraglichen Vereinbarungen den gesamten Rechnungsbetrag abzüglich der hierfür anfallenden Kosten, die sich auf einige Prozent des Rechnungsbetrages belaufen. Der wesentliche Vorteil ist natürlich, dass der Zahnarzt sofort Geld erhält und eben nicht erst einmal einige Wochen und vielleicht sogar Monate und mehrere Mahnverfahrensschritte abwarten muss, bis er das ihm zustehende Honorar erhält. Allerdings sind diese Factoringverträge sehr unterschiedlich gestaltet. Zum Teil muss der Zahnarzt hier nur einen bestimmten Prozentsatz seines Honorars für die Vorfinanzierung aufwenden, in einigen Fällen sind bestimmte Leistungsbereiche vom Finanzierungsmodell ausgenommen. Häufig muss im Falle des Zahlungsausfalls der Zahnarzt das ihm bereits im Vorfeld ausgezahlte Honorar wieder zurückzahlen, dies hängt aber von den unterschiedlichen Vertragsmodellen ab.

Zahnarztpraxen haben wie praktisch alle Arztpraxen mit hohen monatlichen Kosten zu kämpfen. Eine Zahnarztpraxis erfordert einen festen Stamm von Mitarbeitern und eine inzwischen hochspezialisierte Ausstattung, so dass monatlich hohe Personalkosten und auch hohe Kosten für den gesamten Betrieb der Praxis unter Einschluss der vorhandenen Geräte erwirtschaftet werden müssen. Auch vor diesem Hintergrund bietet es sich an, über Verrechnungsstellen sowohl eine Optimierung der Honorarrechnungen zu erreichen als auch die notwendige Liquidität zu generieren.

Viele Zahnarztpraxen rechnen aber weiterhin direkt mit ihren Patienten ohne Einschaltung einer Verrechnungsstelle ab. Auch dies ist nicht unüblich und durchaus praktikabel. Wichtig ist dabei aber, dass gerade bei umfangreichen Behandlungen schnell hohe Beträge anfallen, die der Zahnarzt im Vorfeld finanzieren muss, beispielsweise für Laborleistungen. Natürlich erspart der Zahnarzt durch seine eigene Abrechnung die Kosten für die Beauftragung einer Verrechnungsstelle oder gar das anfallende Factoringentgelt, wenn er die gesamte Abrechnung durch die Verrechnungsstelle vorfinanzieren lässt. Es ist letztlich eine rein unternehmerische Entscheidung, wie der Zahnarzt seine privatärztlichen Leistungen beitreibt. Hier hat sich in den vergangenen Jahren aber auch eine direkte Abrechnung in den Praxen durch Kartenzahlungen etabliert. Mittlerweile können auch Zahnarztpraxen durchaus Abrechnungsgeräte (Kartenlesegeräte für EC-Karten) erwerben und dann selbst vor Ort eine Kartenzahlung auf elektronischem Wege ermöglichen. Für viele Zahnarztpraxen bietet sich dies als Alternative zur Einschaltung einer Verrechnungsstelle an. Wichtig ist dabei, dass der Zahnarzt dann auch gegenüber seinen Patienten deutlich kommuniziert, dass er seine Leistungen direkt vor Ort abrechnen möchte. Viele Patienten haben durchaus Verständnis dafür, präferieren dies sogar und willigen daher oftmals in eine sofortige Zahlung der erbrachten Leistung ein. Zu beachten gilt, dass dem Patienten in diesen Fällen vor Bezahlung eine Honorarrechnung ausgehändigt werden muss. Etwas Anderes gilt, wenn lediglich Vorschüsse abgerechnet werden. Bei der Anwendung der Gebührenordnung für Zahnärzte ist der Zahnarzt berechtigt, einen angemessenen Vorschuss auf seine Leistungen zu verlangen. Um die finanziellen Ressourcen der Praxis nicht übermäßig zu belasten, bietet es sich daher durchaus an, von vornherein mit den Patienten Vorschussbeträge zu vereinbaren, die sich zum Beispiel auf die Laborleistungen oder Ähnliches beziehen. Diese können auch dann vor Ort direkt vom Patienten durch Kartenzahlung beglichen werden, alternativ sollte dann zur Sicherung der Liquidität eine Vorkassenrechnung erstellt und die jeweiligen Leistungen erst erbracht oder beauftragt werden, wenn die Zahlung eingegangen ist.

Letztlich ist die möglichst optimierte Organisation der Abrechnung mit der Kassenzahnärztlichen Vereinigung und die Privatliquidation ganz wesentlich für den wirtschaftlichen Erfolg der Praxis. Hiermit sollten sich alle Zahnärzte so früh wie möglich beschäftigen, denn gerade im späteren Praxisbetrieb bleibt neben der eigentlichen Behandlung nur wenig Zeit für solche administrativen Aufgaben. Auch deshalb sollten entsprechende Berater so früh wie möglich eingebunden werden.

Spezialisierung

Inhaltsverzeichnis

Nach Abschluss des Studiums und der Assistentenzeit sind die wesentlichen Schritte für die erfolgreiche Praxisgründung erfolgt. Für viele junge Zahnärzte stellt sich die Frage, ob mit der Praxisgründung auch eine Spezialisierung erfolgen soll.

Ausschlaggebend für die zutreffende Beantwortung dieser Frage sind die Lage der Praxis und die persönlichen Neigungen. Erfolgt die Praxisgründung oder die Übernahme der Praxis im ländlichen Raum, in einer kleinen Stadt, ist eine erfolgreiche Spezialisierung deutlich schwerer möglich, da die potentielle Patientenzahl kleiner ist und auch die Neigung der Kollegen, Patienten für bestimmte Eingriffe an einen Kollegen zu verweisen, geringer sein dürfte.

5.1 Weiterbildung oder Fortbildung

Zunächst ist die Weiterbildung von der Fortbildung zu unterscheiden. Von einer Weiterbildung spricht man, wenn eine nach den jeweiligen Landesweiterbildungsordnungen mögliche Zusatzbezeichnung erworben werden soll. Die Musterweiterbildungsordnung der Bundeszahnärztekammer, die nicht verbindlich ist, nennt drei Fachzahnarztbezeichnungen:

- Fachzahnarzt für Oralchirurgie,
- Fachzahnarzt für Kieferorthopädie und
- Zahnarzt für öffentliches Gesundheitswesen.

Nach den Landesweiterbildungsordnungen können andere Zusatzbezeichnungen erworben werden.

Weiter zu nennen ist noch der Mund-, Kiefer,- und Gesichtschirurg. Dabei handelt es sich aber nicht um eine Weiterbildung, sondern um einen doppelt qualifizierten Arzt und Zahnarzt.

5.2 Fortbildung

Die Fortbildung ist verpflichtend. Nach § 5 der Musterberufsordnung der Zahnärzte muss sich jeder Zahnarzt in dem Umfang fortbilden, wie es zur Erhaltung und Entwicklung der zur Berufsausübung erforderlichen Kenntnisse und Fertigkeiten notwendig ist.

Um alle zur vertragszahnärztlichen Versorgung zugelassenen Zahnärzte zur regelmäßigen Fortbildung anzuhalten, besteht eine Pflicht zu Fortbildung. Dazu muss der Zahnarzt alle fünf Jahre der für ihn zuständigen Kassenzahnärztlichen Vereinigung nachweisen, dass er eben dieser Pflicht in den vergangenen fünf Jahren nachgekommen ist. Wird diese nicht erfüllt, kürzt die Kassenzahnärztliche Vereinigung das Honorar, ohne dass der Zahnarzt vorher noch ermahnt wird.

Das Angebot an Fortbildungen ist breit. Es reicht von der Möglichkeit, neue Techniken zu erlernen bis hin zu eher weichen Themen, wie Personalführung oder Gesprächsführung mit dem Patienten. Der Zahnarzt sollte stets darauf achten, dass die Fortbildung durch die zuständige Zahnärztekammer anerkannt ist und mit Fortbildungspunkten versehen ist.

5.3 Spezialisierung

Wie oben schon erwähnt, ist eine Spezialisierung umso erfolgsversprechender, je größer die Zahl der potentiellen Patienten ist. Kieferorthopäden beispielsweise haben – abhängig von der Zahl der Geburten – ein natürlich nachwachsendes Reservoir an Patienten. Oralchirurgen sind vor allem auf die Überweisung von Kollegen angewiesen. Für den Kieferorthopäden kann es durchaus sinnvoll sein, auch die konservative Zahnheilkunde bei seinen – jungen Patienten – durchzuführen, da sie im Laufe der Behandlung erforderlich ist. Ein Oralchirurg sollte davon die Finger lassen, da er sonst einen Überweiser verliert.

Diese Beispiele machen deutlich, wie breit das Spektrum der unternehmerischen Überlegungen sein kann, wenn es um Spezialisierung geht.

Es gibt Zahnärzte, die sich besonders um Kinder bemühen, dann gibt es Endo-Spezialisten, auch war Implantologie lange eine Fach, welches nur wenige beherrscht haben. Zahlreiche andere Spezialisierungen sind denkbar

Es gibt zum Beispiel:

- Kinderzahnärzte
- Endospezialisten
- Schmerzspezialisten mit und ohne Hypnose

Wichtig ist, dass die Spezialisierung ein deutliches Alleinstellungsmerkmal hat.

Ästhetische Zahnmedizin beispielsweise ist inzwischen keine Spezialisierung mehr, sondern gehört zu den Grundlagen der Ausbildung.

Es bedarf also einer genauen Analyse des Marktes und des Standortes, ob und wenn ja welche Spezialisierung umgesetzt wird. Eine Praxis, die auf Überweiser angewiesen ist, wird anders behandeln und akquirieren, als eine, die sich an ein breites Publikum wendet.

Wie sieht die geeignete Praxis aus?

Nachdem der Praxisübernehmer eine für sich bereits erste wichtige Frage geklärt hat, nämlich ob er sich – dem eigenen Typ entsprechend – nach einer geeigneten Praxis oder nach einem geeigneten Praxisanteil umschauen wird, geht es in diesem Kapitel etwas mehr ins Detail. Denn nun muss der Praxisübernehmer die weiteren, beziehungsweise weiterführenden Fragen für sich klären, wie genau eigentlich die für ihn geeignete Praxis beziehungsweise der geeignete Praxisanteil aussehen soll.

Dafür muss er sich zunächst darüber im Klaren sein, wie genau die Praxis beziehungsweise der Praxisanteil aussehen muss, soll oder darf, mit anderen Worten, welche Grenzen seinen Wünschen gesetzt werden müssen.

Geklärt werden sollte nämlich zunächst, welche gesetzlichen oder weiteren Vorgaben der Praxisübernehmer erfüllen und beachten muss und welche er davon seinerseits auch erfüllen kann oder eben nicht. Erst wenn der Rahmen des rechtlich, aber auch wirtschaftlich, Möglichen geklärt ist, sollten die eigenen Wünsche formuliert werden, um sich so unnötige Enttäuschungen zu ersparen. Denn jedenfalls im vertragszahnärztlichen Bereich muss der Praxisübernehmer alle Voraussetzungen einer vertragszahnärztlichen Zulassung erfüllen und diese auch nachweisen können. So beispielsweise seinen Eintrag in das Zahnarztregister, seine Approbation und gegebenenfalls seine Anerkennung als Fachzahnarzt. Hierzu gehört nämlich auch, dass der Praxisübernehmer grundsätzlich dieselbe Fachzahnarztbezeichnung im Sinne des jeweiligen Berufsrechts (vertragszahnarztrechtlicher Bereich) besitzen muss oder sollte, wie der Praxisabgeber.

Ob es sich um eine „entsprechende" Fachzahnarztbezeichnung handelt, kann aber gerade bei vor längerer Zeit erworbenen Facharzt- beziehungsweise Schwerpunktbezeichnungen problematisch sein, wenn sich die Bezeichnungen und die zum Führen der Bezeichnung notwendigen Weiterbildungsinhalte mittlerweile verändert haben. Die Frage, inwieweit eine nach altem und neuem Weiterbildungsrecht erworbene Bezeichnung vergleichbar ist, regelt die jeweilige Landeszahnärztekammer eines jeden Bundeslandes in den Übergangsbestimmungen ihrer Weiterbildungsordnungen selbst. Gegebenenfalls müssen daher noch Tätigkeitsnachweise auf dem einen oder anderen Gebiet beigebracht und ein entsprechendes Anerkennungsverfahren durchlaufen werden.

So müssen die Zulassungsausschüsse jedoch schon aus Gründen der Fortführung der Versorgung der gesetzlich versicherten Patienten (Versorgungskontinuität) darauf achten, möglichst dieselbe oder zumindest einen dem möglichst nahe kommenden Bewerber im Nachbesetzungsverfahren zu begünstigen – sofern ein solcher Bewerber eben vorhanden ist.

Sobald nun also die rechtlichen – und damit in erster Linie fachlichen – Voraussetzungen festgestellt sind, sollten auch die persönlichen Erwartungen des Praxisübernehmers an den Praxisabgeber herausgearbeitet werden, um so herausfinden zu können, wie die eine Praxis oder der eine Praxisanteil unter vielen, die/der gesucht, gefunden und übernommen werden soll, auszusehen hat oder aussehen sollte.

Der Praxisabgeber und der Praxisübernehmer sollten sich auch hier idealerweise im Wesentlichen ähnlich und einig sein, was beispielsweise Behandlungsstil und -weise sowie den Umgang mit Kollegen oder Praxispersonal anbelangt. Solche sogenannten „soft facts" erlangen vor allem auch dann besondere Bedeutung, wenn beide Seiten vor oder nach der geplanten Praxisübernahme zusammenarbeiten wollen oder ein Anteil an einer Berufsausübungsgemeinschaft oder einem Medizinischen Versorgungszentrum abgegeben werden soll, wobei auch gilt, die Persönlichkeiten der anderen Gesellschafter bei einem Gesellschafterwechsel zu berücksichtigen. In den letzten beiden Fällen sollte sich der Praxis- beziehungsweise Anteilsübernehmer dann selbstverständlich in fachlicher und auch in charakterlicher Ausrichtung in das Team der übrigen Gesellschafter problemlos einfügen, zumal von deren gesellschaftsrechtlichen Zustimmungen im Regelfall auch die Entscheidung abhängt, ob ein Praxisanteil übernommen werden kann oder nicht. Nicht zuletzt berücksichtigt auch der Zulassungsausschuss die (fehlende) Zustimmung der anderen Gesellschafter bei seiner Abwägungsentscheidung. Der Zulassungsausschuss kann keiner Berufsausübungsgemeinschaft und keinem Medizinischen Versorgungszentrum einen Gesellschafter „aufdrücken", mit dem die anderen Gesellschafter nicht zusammenarbeiten möchten. Dies kann auch nicht im Sinne einer optimalen Versorgung der Patienten sein.

Auch in zwischenmenschlicher Hinsicht sollten also beiden Seiten „gut miteinander können". Der potentielle Praxisübernehmer sollte gründlich „auf Herz und Nieren" überprüft werden, um mögliche Reibungspunkte schnell identifizieren und ausräumen oder noch rechtzeitig die Reißleine ziehen zu können. Die Reißleine sollte nämlich spätestens dann gezogen werden, bevor sich unter Umständen – sogar irreparable – Schäden in Form von bereits vorgenommenen Dispositionen, vor allem in finanzieller Hinsicht, realisiert haben, die gegebenenfalls gar nicht oder nur schwer wieder rückgängig gemacht werden können. Man denke zum Beispiel an Verträge, die eine langjährige (finanzielle) Bindung bewirken, die entweder nur mit Verlust gekündigt oder erst im Hinblick auf eine bereits scheinbar konkret gewordene Praxisübernahme eingegangen worden sind, wie zum Beispiel Leasingverträge für die Erneuerung der zahnmedizinischen Geräte oder Arbeitsverträge mit neuem Personal.

Nicht zuletzt muss der Praxisübernehmer selbstverständlich aber auch in wirtschaftlicher Hinsicht in der Lage sein, den vereinbarten Kaufpreis zu zahlen.

Wo finde ich die geeignete Praxis?

© Springer-Verlag GmbH Deutschland, ein Teil von Springer Nature 2020
G. Bierling et al., *Zahnarztpraxis - erfolgreiche Übernahme und Gründung*, Erfolgskonzepte
Zahnarztpraxis & Management, https://doi.org/10.1007/978-3-662-57812-4_7

Die Suche nach dem passenden Übernahmeobjekt gestaltet sich erfahrungsgemäß nicht immer einfach und ist von vielen Zufällen begleitet. Ist eine Einzelpraxis mit einem abgabewilligen Zahnarzt gefunden, so kann es durchaus sinnvoll sein, vor dem Erwerb der Einzelpraxis zunächst im Angestelltenverhältnis oder zumindest vertretungshalber tätig zu sein. Bei dieser Gelegenheit lassen sich sowohl Potentiale als auch negative Faktoren, die möglicherweise gegen eine Praxisübernahme sprechen, am leichtesten herausfinden. Zu den Potentialen gehört natürlich auch, inwieweit die Patienten den Erwartungen des Praxisübernehmers entspricht und wie sich eine künftige Zusammenarbeit mit dem vorhandenen Mitarbeiterteam darstellt. Nichts Anderes gilt im Grunde für den Fall, dass der Erwerber keine Einzelpraxis übernehmen, sondern vielmehr einen Gesellschaftsanteil an einer Zahnärztegesellschaft oder einen Medizinischen Versorgungszentrum im Wege der Anteilsübertragung erwerben möchte. Allerdings ist es hier ganz besonders wesentlich, dass möglichst von Anfang an ein offenes und kollegiales Verhältnis zu den übrigen künftigen (Mit-) Gesellschaftern der Zahnarztgesellschaft besteht. Das gilt auch – wenn auch in eingeschränktem Maße – dann, wenn der junge Zahnarzt zunächst einmal im Angestelltenverhältnis erste berufliche Erfahrungen sammeln möchte. Dabei ist möglicherweise ohnehin nicht an eine langjährige berufliche Bindungsdauer gedacht.

Bei der Praxisübernahme müssen sich Praxisübernehmer und Praxisabgeber erst einmal finden. sowohl wenn eine Einzelpraxis gesucht oder die Übernahme eines Gesellschaftsanteils gewünscht wird. Auch besteht die Möglichkeit, in eine bestehende zahnärztliche Gemeinschaftspraxis einzutreten. Es existieren zahlreiche Möglichkeiten, von denen je nach Situation Gebrauch gemacht werden sollte:

■ **Praxisbörsen**

Schon seit vielen Jahren gibt es einschlägige Praxisbörsen. Ziel dieser ist es, Praxisabgeber und Praxisübernehmer auf möglichst einfachen Weg zusammenzubringen. Für interessierte Praxisübernehmer bietet sich hier die Möglichkeit, unterschiedliche Praxen kennenzulernen und so auch die unterschiedlichen Preise für abzugebende Praxen beziehungsweise Praxisanteile am Markt zu vergleichen.

Mittlerweise unterhalten viele Geschäftsbanken und auch Genossenschaftsbanken eigene Praxisbörsen. Dabei haben die Banken ein vitales Interesse daran, selbst Praxisübernehmer und Praxisabgeber zusammenzubringen. Dieser Umstand eröffnet ihnen die Möglichkeit, den Kaufpreis zu finanzieren und zugleich den Praxisübernehmer an sich zu binden. Einige Banken bieten zudem selbst Praxisbewertungen an, die dann in die Praxisbörsen einfließen. Insbesondere die ärztlichen Genossenschaftsbanken geben bereitwillig darüber Auskunft, welche Praxen zur Abgabe stehen. Die Praxisbörsen werden regelmäßig regional geführt und als Ansprechpartner stehen jeweils die örtlich zuständigen Geschäftsstellen der jeweiligen Banken zur Verfügung. Bei den Geschäftsbanken gestaltet sich dies ähnlich. Mitunter gibt es aber überregional Praxisbörsen, die die Möglichkeit für die Praxisübernehmer bieten, auch an anderen Standorten Praxen in Augenschein zu nehmen.

■ **Kassenzahnärztliche Vereinigung**

Die meisten Kassenzahnärztlichen Vereinigungen (KZV) bieten auf ihren Webseiten Börsen mit Praxisangeboten an. Diese stehen zumeist auch als PDF-Dateien zur Verfügung. Zudem können bei einer bestehenden Warteliste gezielt die aufgelisteten Bewerber angesprochen werden. So haben auch viele potenzielle Praxisübernehmer die Kassenzahnärztliche Vereinigung insoweit ermächtigt, ihren Namen und Koordinaten an den praxisabgabewilligen Zahnarzt weiterzugeben.

Die Kassenzahnärztlichen Vereinigungen verfolgen dabei keine eigenen wirtschaftlichen Interessen und gestalten daher ihr Pra xisbörsen ohne Kosten für die Beteiligten. Oftmals unterhalten die Kassenzahnärztlichen Vereinigungen auch eigene Niederlassungsberatungen. Es ist daher durchaus sinnvoll, dass sich der Praxisabgeber auch an seine Kassenzahnärztliche Vereinigung wendet, sodass diese den Abgabeprozess eventuell unterstützen kann.

Ferner bieten die meisten Kassenzahnärztlichen Vereinigungen auch Seminare zur Praxisabgabe und Existenzgründung an; hier können sich vielfältige Kontakte ergeben. Sofern bei den Kassenzahnärztlichen Vereinigungen auch Niederlassungsberatungen bestehen, verfügen diese oft über sehr hilfreiche und kostenlose Angebote über Serviceleistungen für ihre Mitglieder und solche, die es werden wollen beziehungsweise müssen. Es ist daher zu empfehlen, frühzeitig an die Kassenzahnärztliche Vereinigung heranzutreten, um sich das dort gesammelte Wissen zu Nutze zu machen.

■ **Sonstige**

Betrachtet man das „Findungsverfahren" aus Sicht des Praxisabgebers, so sollte es in seinem Interesse sein, möglichst frühzeitig einen geeigneten Praxisübernehmer zu finden, der auch bereit ist, die Praxis im bisherigen Umfang zu übernehmen und hierfür einen angemessenen Kaufpreis zu zahlen. Dazu ist es notwendig, möglichst auf Praxisübernehmer zu treffen, die ein ähnliches oder identisches Leistungsspektrum anbieten können. Mit steigendem Spezialisierungsgrad der Praxis gestaltet sich dies jedoch mitunter schwierig, denn die oben genannten Praxisbörsen und Behörden sprechen häufig nur zum Teil interessierte und entsprechend spezialisierte Praxisübernehmer an. Handelt es sich etwa um eine rein privatärztlich aufgestellte Praxis, so macht das Einschalten der Kassenzahnärztlichen Vereinigung keinen Sinn, denn hier finden sich in der Regel nur Interessenten, die auch oder nur gesetzlich versicherte Patienten behandeln wollen.

Eine Alternative hierzu bieten mitunter die Berufsverbände oder Vereine, in denen sich auch spezialisierte Zahnärzte organisieren. Hier wird nicht nur ein fachlicher Austausch betrieben, sondern es werden mitunter auch interessierte Praxisnachfolger und Praxisabgeber zusammengebracht.

Es lohnt sich also, auch Kontakt zu den einschlägigen Berufsverbänden oder Interessengruppen in der jeweiligen Region aufzunehmen.

Darüber hinaus bieten auch Zahnärztekammern Praxisbörsen an, teilweise lediglich aktualisierte Listen abgabewilliger Praxisinhaber. So bietet sich auch hier eine weitere Möglichkeit, auf potenzielle Praxisübernehmer zu treffen. Eine Kontaktaufnahme mit der zuständigen Zahnärztekammer ist daher bei der Praxisübernahmeplanung immer von Vorteil.

Nach unserer Erfahrung sollte bei der Suche nach einem geeigneten Praxisübernehmer zudem an die Dentaldepots gedacht werden, die über ihren Außendienst bestens vernetzt und naturgemäß daran interessiert sind, nicht nur den bisherigen Praxisabgeber zufriedenzustellen, sondern auch zugleich eine Geschäftsbeziehung zu dem Praxisübernehmer zu knüpfen.

Nicht zu vergessen sind auch Berufskollegen, beispielsweise solche, die in Qualitätszirkeln, Peer-Verfahren oder Ähnlichem organisiert sind.

Auch bieten sich Makler an, die vielfach gerne eine Alleinvermittlungsklausel im Maklervertrag durchsetzen wollen, oft auch befristet. Das bedeutet, dass beispielsweise die Praxisanteile einer Berufsausübungsgemeinschaft nur bei diesem Makler angeboten werden. Es hängt sodann allein von dessen Netzwerk ab, ob es zu einer erfolgreichen Praxisabgabe beziehungsweise Praxisübernahme kommt oder nicht. In dieser Konstellation geht die aus unserer Sicht dringende Eigeninitiative oft verloren, ganz abgesehen von nicht geringen Provisionsansprüchen, die damit verbunden sind. Manche Makler verlangen ihr Honorar nur im Falle eines Abschlusses oder eines wirksamen Vertrages zwischen Praxisübernehmer und Praxisabgeber. Andere verlangen bereits ein Grundhonorar dafür, dass sie das Exposé erstellen.

Auch Zeitschriften stellen schließlich eine Alternative dar. Je nach Schwerpunkt bietet es sich beispielsweise an, im Deutschen Zahnärzteblatt (ZWR) oder in „Zahnmedizin update" zu annoncieren. Inserate in den jeweiligen Zahnärzteblättern der einzelnen Zahnärztekammern im Bundesgebiet sind sicher auch sinnvoll. Auch diese Möglichkeit der Kontaktaufnahme sollte daher immer geprüft und einbezogen werden.

7

Der Praxischeck

Inhaltsverzeichnis

© Springer-Verlag GmbH Deutschland, ein Teil von Springer Nature 2020
G. Bierling et al., *Zahnarztpraxis - erfolgreiche Übernahme und Gründung*, Erfolgskonzepte
Zahnarztpraxis & Management, https://doi.org/10.1007/978-3-662-57812-4_8

Bei der Übernahme einer Zahnarztpraxis geht es um nichts anderes als um den Kauf eines Unternehmens. Dieses Unternehmen behandelt Patienten zahnärztlich. Der Wert des Kaufgegenstandes Unternehmen wird dabei von ganz bestimmten Faktoren bestimmt. Zu Beginn der Überlegungen zur Übernahme einer Zahnarztpraxis muss deshalb ganz genau geprüft werden, was zum Kauf ansteht. Der Praxischeck, also die genaue Prüfung der zu übernehmenden Praxis auf Herz und Nieren ist entscheidend für den späteren wirtschaftlichen Erfolg. So wie die gefahrenen Kilometer, die Pflege des Lacks und der Innenausstattung und der Zustand des Motors wichtig für den Wert eines Gebrauchtwagens sind, sind dies die Lage einer Praxis, deren Einzugsgebiet und Konkurrenzsituation, der Patientenstamm sowie das Praxisteam. Diese Faktoren sind entscheidend für die Ermittlung des Preises und damit für die Entscheidung, ob eine Zahnarztpraxis übernommen werden soll oder eben nicht.

8.1 Lage

8.1.1 Einzugsgebiet

Wie bei jedem Unternehmen spielt gerade bei Zahnarztpraxen das sogenannte Einzugsgebiet eine besondere Rolle. Aus der Versorgungsforschung wissen wir, dass Patienten dort medizinische und zahnmedizinische Leistungen nachfragen, wo sie wohnen beziehungsweise arbeiten. Das unmittelbare Umfeld des Wohnortes und des Arbeitsplatzes sind deshalb von besonderer Bedeutung, weil sich von diesem Standort aus in der Regel leicht eine Zahnarztpraxis erreichen lässt. Dabei spielt die Erreichbarkeit je nach Region eine unterschiedliche Rolle. In einem städtischen Umfeld ist dabei häufig die Anbindung an den öffentlichen Personennahverkehr besonders wichtig. Können Patienten die Praxis etwa mit Straßenbahnen oder Bussen leicht erreichen, wird die Praxis häufiger aufgesucht

werden. Praxen in Stadtrandlage sind daher häufig benachteiligt. In ländlichen Regionen ist der öffentliche Personennahverkehr weniger ausgebaut, hier spielt die Erreichbarkeit mit dem PKW oder mit den rudimentär vorhandenen öffentlichen Verkehrsmitteln eine andere Rolle. Von diesen Faktoren ausgehend muss der konkrete Praxisstandort analysiert werden.

Dabei ist der Blickwinkel potentieller Patienten maßgeblich. Wenn Sie als Zahnarzt regelmäßig mit dem PKW zur Praxis fahren, muss dies nicht zwingend für Ihre Patienten gegeben sein. Versetzen Sie sich also kurz in die Lage, wie ein Patient auf Ihre Praxis aufmerksam wird und dann mit seinen Mobilitätsbedürfnissen darauf reagiert. Finden Sie beispielsweise eine Praxis vor, die sich in eher ländlichem Umfeld befindet und für die meisten Patienten schlichtweg mit dem PKW zu erreichen ist, so sind Parkmöglichkeiten in unmittelbarer Praxisnähe besonders wichtig. Sind dort nur sehr wenige Parkplätze vorhanden, werden Patienten vielleicht nach dem ersten Besuch darüber nachdenken, künftig eine andere Praxis aufzusuchen. Im eher städtischem Umfeld ist vielleicht eine Bushaltestelle in unmittelbarer Praxisnähe schnell zu finden, wird diese aber nur selten oder unregelmäßig mit Buslinien angefahren, spielt diese für die potentiellen Patienten kaum eine Rolle. Eine Straßenbahnstation oder eine U-Bahn-Station in unmittelbarer Nähe kann dann schon ein wesentlicher Vorteil sein. Aus der Beratungspraxis wissen wir, dass städtisch gelegene Praxen in unmittelbarer Nähe von Drehkreuzen, an denen Straßenbahnen und U-Bahnen wie auch Buslinien aufeinandertreffen, eine andere und häufig heterogenere Patientenstruktur aufweisen als am Rand einer Stadt.

Wenn sich eine Zahnarztpraxis in einem großen Wohngebiet befindet, wie häufig in Stadtrandlagen, kann die Erreichbarkeit mit öffentlichen Verkehrsmitteln sogar weniger relevant sein. Viele Praxen werden dort schlichtweg zu Fuß aufgesucht. Daher kann dort die einzige Zahnarztpraxis in einem Einzugsgebiet vieler großer Wohnsiedlungen einen wesentlichen Vorteil gegenüber anderen Praxen haben. Bei einer Standortanalyse müssen all diese Faktoren berücksichtigt werden. Ergibt sich aus den direkt zugänglichen Informationsmöglichkeiten nicht, wie die meisten Patienten die Praxis aufsuchen, sollte dies entweder bei dem bisherigen Praxisinhaber, den Mitarbeitern oder sogar bei potentiellen Patienten erfragt werden.

Manchmal kennen auch die jeweiligen Kassenzahnärztlichen Vereinigungen und Berufsverbände besondere Versorgungsregionen, die eine unterschiedliche Auswirkung auf das potentielle Patientengut haben. Dabei darf natürlich der wichtigste Punkt nicht vergessen werden: Das Einzugsgebiet hängt auch von dem Grad der Spezialisierung ab. Bietet eine Praxis bestimmte Leistungen an, beispielsweise Oralchirurgie oder Kieferorthopädie, die gezielt von Patienten nachgefragt werden, nehmen diese häufig auch größere Anfahrtswege in Kauf. Insoweit lässt sich auch das Einzugsgebiet nur anhand bestimmter Leistungen definieren. Soweit es um Leistungen der Prophylaxe oder der grundständigen zahnärztlichen Versorgung geht, werden Praxen häufig unter dem Gesichtspunkt der Erreichbarkeit ausgewählt. Wer akute Zahnschmerzen hat möchte häufig keine großen Anfahrtswege auf sich nehmen. Geht es aber um spezifische prothetische Leistungen, Implantologie oder auch kosmetische Leistungen, spielen die Erreichbarkeit und die Möglichkeit des Zuganges zur Praxis eine untergeordnete Rolle. Deshalb muss das Einzugsgebiet auch immer in Relation zu den jeweiligen Leistungen geprüft werden. Eine Praxis, die bislang eher auf Grundversorgung ausgerichtet ist und in der Patienten keine besonderen Leistungen nachfragen, wird häufig ein kleineres Einzugsgebiet aufweisen als eine Praxis mit Spezialisierung im Bereich der Implantologie oder der Oralchirurgie. Aber auch bei diesen Patienten besteht oftmals das Bedürfnis, leicht und schnell zur Praxis zu gelangen. In einem ländlichen Umfeld

wird es dann umso wichtiger, dass die Praxis leicht aufgesucht werden kann und ausreichend und gut gelegene Parkplätze zur Verfügung stehen.

Im städtischen Umfeld geht es dann auch um die Frage, ob die Praxis auch zu Randzeiten erreichbar ist, also etwa am frühen Morgen vor dem üblichen Arbeitsbeginn oder am späten Abend, wenn eine Versorgung nach Feierabend gewünscht wird. Diese Punkte müssen Sie in Ihre spezifische Betrachtung des Standortes einbeziehen. Sie sind ein wesentlicher Faktor für die Weiterentwicklung des Unternehmens Zahnarztpraxis.

8.1.2 Konkurrenzsituation

Eine Zahnarztpraxis ist – wie jedes andere Unternehmen auch – dem Wettbewerb ausgesetzt. Überall dort, wo Patienten zwischen verschiedenen Praxen wählen können, kann die Ausrichtung, die Ausstattung oder das Erscheinungsbild anderer Praxen Einfluss darauf haben, ob eine bestimmte Praxis gewählt wird oder eben nicht. Dies gilt auch für die besonderen Leistungen, die in einer Zahnarztpraxis angeboten werden. Sucht der Patient etwa nach einer Versorgung mit Implantaten, so wird er zwischen den Praxen wählen, die eine Implantatversorgung überhaupt anbieten können oder über besondere Qualifikationen dabei verfügen. All dies ist wesentlich für die Beurteilung der Konkurrenzsituation. Eine auf kosmetische Behandlungen und Implantatversorgungen spezialisierte Praxis orientiert sich weniger an den eher grundversorgenden Leistungen und umgekehrt. Ausgehend von dieser Überlegung muss man bei jeder Praxis bei der Beurteilung der Konkurrenzsituation erst einmal klären, welche Leistungen selbst angeboten werden oder angeboten werden sollen und welche Leistungen anderer Praxen anbieten. Nur dort, wo sich das Angebot dieser Unternehmen überschneidet, kann eine Konkurrenzsituation eintreten.

Bevor Sie also feststellen können, ob eine konkurrierende Praxis vorhanden ist, müssen

Sie erst einmal das eigene Angebotsportfolio bestimmen und dann natürlich in Abhängigkeit davon das dazugehörige Einzugsgebiet. Zwei Praxen, die sich beispielsweise auf Implantatversorgung spezialisiert haben und in demselben Landkreis mit deutlich ländlicher Prägung gelegen sind, werden wahrscheinlich weniger Überschneidungen aufweisen, als zwei Praxen mit einem Schwerpunkt in der Implantatversorgung in einem städtischen Umfeld. Stehen also das Leistungsangebot und die relevanten anderen Praxen fest, die ähnliche Leistung oder dieselben Leistungen anbieten, kann die Konkurrenzsituation primär in diesem Bereich eingeschätzt werden.

Eine Besonderheit der Versorgung ist die Auslastung einer Praxis. Gerade bei bestimmten spezialisierten zahnmedizinischen Leistungen können Praxen aufgrund der personellen und technischen Ausstattung nur eine beschränkte Anzahl an Patienten behandeln. Deshalb spielt neben der schlichten Überschneidung der beiden Gebiete auch und insbesondere die Auslastung potenziell konkurrierender Praxen eine besondere Rolle. Das kann bedeuten, dass eine Praxis mit einem Schwerpunkt in der Implantatversorgung in demselben Einzugsgebiet im städtischen Umfeld gerade keine Konkurrenz darstellt, weil dort gar keine Patienten mehr aufgenommen werden können oder erst mit großem zeitlichen Abstand und deshalb durch das Angebot der anderen Praxis die Entwicklung der eigenen Praxis gar keine Nachteile erfahren kann.

Denn Konkurrenz setzt auch immer voraus, dass Leistungen eines Unternehmens auch von einem anderen Unternehmen erbracht werden können. Kann eine andere Praxis aber dieselben Patienten gar nicht mehr aufnehmen und legt diesen sogar nahe, zu Kollegen zu gehen, spielt dies aktuell für die Bewertung der Konkurrenzsituation nur eine untergeordnete Rolle.

Allerdings ist dabei stets zu beachten, dass sich auch das Leistungsangebot und die Auslastung anderer Praxen über mehrere Jahre hinweg verändern kann und wird. Deshalb muss für die Beurteilung des Zeithorizonts einer Konkurrenzsituation in die Überlegungen mit einbezogen werden, ob innerhalb der nächsten Jahre eine andere Praxis ihr Leistungsangebot ändern wird oder überwiegend wahrscheinlich ändern wird. Dies kann zum Beispiel dann der Fall sein, wenn bei einer konkurrierenden oder potenziell konkurrierenden Praxis in den nächsten Jahren der Eigentümer wechseln wird oder soll. In diesem Falle ist es wahrscheinlich, dass der potentielle Übernehmer das Leistungsangebot der Praxis verändert. Gerade bei über viele Jahre hinweg betriebenen Praxen spielt dies mitunter eine große Rolle. Ein jetzt noch in der Praxis tätiger Assistent der das Unternehmen in etwa einem Jahr übernehmen wird, kann deutlich das Leistungsangebot umstellen. Gerade bei Leistungen, die einer besonderen fachlichen Qualifikation bedürfen ist dies der Fall. Deshalb muss auch immer geprüft werden, ob bei anderen Praxen zu erwarten ist, dass diese in Kürze dieselben oder ähnliche Leistungen anbieten.

8.1.3 Potentiale

Jedes Unternehmen kann in einem gewissen Rahmen seine Ausrichtung, Leistungsschwerpunkte und Werbemaßnahmen jederzeit anpassen. Das gilt auch und insbesondere für Zahnarztpraxen. Gerade im Bereich zahnmedizinischer Versorgung ändern sich Behandlungsverfahren, Behandlungsmöglichkeiten und die dazu erforderliche technische Ausstattung recht schnell. Dies gilt auch für den Leistungsbedarf von Patienten. In vielen Praxen werden in Abhängigkeit von der Qualifikation und dem Eigeninteresse des bisherigen Praxisinhabers bestimmte Leistungen, die grundsätzlich auch angeboten werden könnten, nicht erbracht und Patienten mit eben diesem Leistungsbedarf an andere Praxen verwiesen. Dies ist aber bei der Prüfung und Beurteilung einer Zahnarztpraxis besonders wichtig: Welche Möglichkeiten bestehen, um die Entwicklung des Unternehmens Zahnarztpraxis nachhaltig positiv zu beeinflussen? Für den Praxisübernehmer bedeutet dies, dass er sich immer fragen muss, ob er selber neue Leistungen anbieten kann, die die Praxis bislang nicht angeboten hat und ob diese Leistungen dann nur für neue Patienten interessant sind oder auch für solche Patienten, die derzeit in der Praxis behandelt aber mit eben diesem Leistungsbedarf an andere Praxen verwiesen werden. Genau diese sind die Potentiale des Unternehmens Zahnarztpraxis, die kurzfristig oder mittelfristig genutzt werden können und sollten.

Bei einer umfassenden Analyse der zu übernehmenden Praxis muss dies der Ausgangspunkt sein. Gerade in den vergangenen Jahren hat sich gezeigt, dass das Leistungsspektrum von Zahnarztpraxen sukzessive verändert wird. Viele bislang häufig anzutreffende zahnmedizinische Leistungen im Bereich der Basisversorgung werden inzwischen durch Implantate abgedeckt. Deshalb kann bei entsprechender Qualifikation des Praxisübernehmers die Ergänzung des Leistungsangebotes um Implantate interessant sein, gerade wenn dadurch Patienten behandelt werden können, die bislang in anderen Praxen ihre Implantatversorgung erhielten. Ist dies der Fall, kann ohne weitere Werbung, also ohne kostenintensive Maßnahmen, ein weiteres Leistungsangebot gleich den Umsatz erhöhen. Das gilt auch für solche Leistungen, die für die bislang in der Praxis versorgten Patienten nicht interessant sind. Soll zum Beispiel der Bereich der Prophylaxe oder der kosmetischen Zahnversorgung hinzukommen und ist dies für die bislang in der Praxis versorgten Patienten nicht interessant, kann dies trotzdem die Einnahmesituation der Praxis nachhaltig verbessern. Findet sich zum Beispiel im Umfeld der Praxis, d. h. im selben Einzugsgebiet, keine andere Praxis die kosmetische Leistungen anbietet, würde dies das Alleinstellungsmerkmal der Praxis in ihrem Bereich unterstreichen. Gerade dann bestehen Potentiale für den Praxisunternehmer, um kurzfristig, mittelfristig oder langfristig die Ertragssituation der Praxis zu verändern

und im Regelfall auch zu verbessern. Deshalb bedeutet ein umfassender Praxischeck auch immer die Überprüfung darauf hin, ob durch die Erweiterung des Leistungsangebotes oder eine andere Schwerpunktsetzung eine bessere Einnahmesituation erreicht werden kann.

8.2 Ausstattung

8.2.1 Möbel

Der erste Eindruck zählt! Und für diesen gibt es bekanntlich keine zweite Chance. Bei einem ehrlichen Praxischeck muss sich dies vor allem auf die Ausstattung und das Mobiliar der Praxis erstrecken. Gerade für Praxen hergestellte Möbel und Einrichtungsgegenstände haben wegen der dort besonderen Beanspruchungen durch hohen Publikumsverkehr und mitunter auch Desinfektionen eine große Haltbarkeit. Vor diesem Hintergrund ist es nicht unüblich, dass man in seit vielen Jahren betriebenen Zahnarztpraxen Einrichtungsgegenstände vorfindet, die gut 20 oder 30 Jahre alt sind. Das schränkt natürlich nicht die Funktion der Gegenstände ein. Für einen neuen Patienten kann der damit vermittelte Eindruck jedoch oftmals negativ sein. Viele Praxisübernehmer finden Wartezimmer vor, deren Ausstattung sie noch aus ihrer eigenen Kindheit oder Jugend kennen. Als Zahnarzt spielt das sicherlich keine große Rolle, denn die Versorgung findet ja nicht im Wartezimmer oder im Empfangsbereich statt. Für die Patienten hingegen speilt das äußere Erscheinungsbild der Praxis eine wesentliche Rolle. Das Wartezimmer beziehungsweise der Empfangsbereich werden von neuen Patienten regelmäßig zu aller erst wahrgenommen. Diese Räumlichkeiten sind quasi als Aushängeschild der Praxis. Deshalb gilt: alte Möbel sind immer ein Indiz dafür, dass kurzfristig investiert werden muss. Nur wenn sich Patienten wohlfühlen und auf den ersten Eindruck hin gerne in der Praxis behandelt werden, kann sich auch langfristig eine positive Patientenbindung entwickeln.

Natürlich gibt es immer wieder Beispiele dafür, dass Patienten auch Praxen aufsuchen, die nicht über eine neue, moderne und attraktive Ausstattung verfügen. Dies ist aber in einer Übernahmesituation nicht unbedingt die richtige Annahme. Sie sollten daher stets prüfen, ob sich die vorhandene Praxisausstattung beziehungsweise das vorhandene Praxismobiliar positiv auf die von Ihnen gewünschten Patienten auswirkt. Sobald Zweifel daran bestehen, muss im Falle der Praxisübernahme eine Neuinvestition ins Auge gefasst werden.

8.2.2 EDV

Das Rückgrat moderner Arztpraxen stellt immer häufiger die EDV-Anlage dar. In fast allen modernen Zahnarztpraxen erfolgt die Führung der Patientenakten auf elektronischem Wege, Papierakten gehören eher der Vergangenheit an. Diesbezüglich sei an dieser Stelle kurz erwähnt, dass die gesetzlichen Krankenkassen ihren Versicherten bis spätestens 01. Januar 2021 eine elektronische Patientenakte (kurz ePA) anbieten müssen, was aus dem Terminservice- und Versorgungsgesetz (TSVG) folgt. Daraus folgt für einen jeden Zahnarzt unmittelbar die Verpflichtung, dass er, wenn der Patient es wünscht, die Daten aus seinem eigenen Praxisverwaltungssystem in die ePA hochladen muss. Gerade vor diesem Hintergrund sollte jeder Zahnarzt versucht sein, seine eigene Praxis auf den neuesten technischen Stand zu bringen und den Weg für elektronische Patientenakten zu ebnen.

Die Einführung des digitalen Röntgens tut hier ihr Übriges. Immer mehr Praxen erstellen keine Röntgenfilme mehr, sondern digitalisieren diese sofort oder verfügen gleich über eine digitale Röntgenanlage. Aber all dies kann effizient nur dort betrieben werden, wo das EDV-System die notwendigen Ressourcen dafür bereitstellt. Wird eine Zahnarztpraxis übernommen, muss der Stand der EDV geprüft und ein eventuell vorhandener Investitionsbedarf festgestellt werden. Sind die vorhandenen Arbeitsplätze ausreichend dimensioniert, um eine komplett digitale Aktenführung zu ermöglichen, wo diese noch nicht eingerichtet wurde? Sind die vorhandenen Arbeitsplätze in den Behandlungsräumen ausreichend, um später oder sofort eine digitale Röntgenanlage zu installieren? Ist die Serverstruktur ausreichend, um große Datenmengen abzulegen? Wird eine ausreichende Datensicherung durchgeführt und ist sichergestellt, dass Patientendaten mehrfach gesichert zur Verfügung stehen, selbst wenn Server oder anderer Geräte ausfallen? All diese Fragen werden für gewöhnlich bei der erstmaligen Planung und Installation einer EDV-Anlage diskutiert; erst recht, wenn ein System übernommen wird.

Steht fest, dass das bestehende System eine Umstellung ohne Probleme bewältigen kann oder wurde das System schon entsprechend vom vorherigen Eigentümer umgestellt, gibt es natürlich keine Probleme. Sind aber die vorhandenen Strukturen nicht ausreichend und kann auch durch ein entsprechendes Update das System nicht weiter genutzt werden, so ist klar, dass hier ein erheblicher Investitionsstau entstanden ist, den man nur durch Neuanschaffungen lösen kann.

8.2.3 Geräte

Eine Zahnarztpraxis erfordert in erheblichem Umfang den Einsatz spezieller Geräte und Einrichtungsgegenstände. Ein Zahnarztstuhl aus den 1980er-Jahren ist immer noch geeignet, um einen Patienten darauf zu behandeln. Dies ist aber sicherlich wenig komfortabel für den Patienten und noch weniger komfortabel für den behandelnden Zahnarzt. Dasselbe gilt für Ausstattungsgegenstände. Wenn die vorhandenen Gerätschaften alt sind und nicht mehr dem aktuellen Standard entsprechen, kann dort auch nur eingeschränkt eine Praxistätigkeit stattfinden. Gerade wenn das Leistungsspektrum der Praxis angepasst oder erweitert wird bedeutet dies, dass häufig die vorhandenen Einrichtungsgegenstände nicht mehr ausreichen. Deshalb ist ein kritischer Blick auf die bisherige Praxisausstattung umso wichtiger: Können die Behandlungsplätze so übernommen und weitergeführt werden? Sind für die beabsichtigten Leistungen alle Geräte vor Ort? Sind alle Geräte noch so einsetzbar, dass langfristig damit weitergearbeitet werden kann? Ist der Wartungsaufwand oder der Aufwand für die Hygiene in der Praxis mit den vorhandenen Geräten noch wirtschaftlich? All das muss ein Praxisübernehmer umfassend klären. Auch hier gilt: die zu erwartende Ertragssituation hängt wesentlich von den Einrichtungsgegenständen, den Maschinen und dem Erscheinungsbild gegenüber den Patienten ab. Viele Patienten können und werden bei spezialisierten Leistungen verschiedene Praxen vergleichen. Hier wird auch das äußere Erscheinungsbild der Praxis einen wesentlichen Einfluss auf die Meinung der Patienten haben. Viele Patienten lassen sich dabei leicht durch eine hochwertige Ausstattung oder eine solche Ausstattung, die zumindest hochwertig und modern erscheint, blenden, auch wenn letztlich die zahnärztliche Leistung im Vordergrund steht. Gerade bei einer zu erwartenden Konkurrenzsituation und einer sich daraus ergebenden Wahlmöglichkeit für Patienten muss sichergestellt werden, dass nicht nur Empfang und Wartezimmer positiv auf die Patienten wirken. Auch die sonstige Praxisausstattung muss überzeugen. Überspitzt gesagt: wo der Bohrer noch mit einem Fußpedal angetrieben wird, wird sich heute kaum noch ein Patient behandeln lassen.

8.3 Personal

8.3.1 Qualifikation

Mit zunehmender Spezialisierung der Zahnarztpraxen rückt auch immer mehr die Qualifikation des in der Praxis beschäftigten Personals in den Fokus. Gerade in den vergangenen Jahren hat sich hier ein völlig neues Qualifikationsprofil für Zahnarzthelfer herausgebildet. Eine vollständige Überprüfung der Praxis muss deshalb auch eine eingehende Prüfung der Qualifikationen des vorhandenen Praxispersonals umfassen. Natürlich spielt in allen medizinischen Berufen die schlichte Berufserfahrung eine sehr große Rolle. Gerade im Umgang mit Patienten kann nur durch jahrelange Übung eine durchgehende Professionalität und Seriosität auch im Umgang mit schwierigen Patienten gefunden werden. Aber gerade im Hinblick darauf, dass im Zuge einer Praxisübernahme fast immer das Leistungsspektrum einer Praxis geändert wird, d. h. bestimmte Leistung hinzukommen oder aber auch teilweise Leistungen nicht mehr angeboten werden, ist es wichtig genau zu wissen, ob dies mit dem bestehenden Praxispersonal so umgesetzt werden kann. Falls nicht, so muss gegebenenfalls neues Personal gesucht oder beim alten Personal bestehende Lücken durch Nachqualifikation geschlossen werden. Deshalb sollte man sich über folgende Fragen Gedanken machen: Über welche Qualifikationen verfügen die Mitarbeiter der Praxis? Lassen sich einzelne Qualifikationen durch Zertifikate abbilden? Haben bestimmte Mitarbeiter durch stetige Arbeit in bestimmten Bereichen die notwendigen Kenntnisse erlangt?

Hinzu kommt, dass bestimmte Leistungen auch in der Zahnarztpraxis inzwischen an hinreichend qualifizierte Mitarbeiter delegiert werden dürfen. Dies trifft insbesondere auf die Prophylaxe zu, für die dann entsprechende Prophylaxeassistenten benötigt werden. Gerade hier ist es wichtig genau zu wissen, welche Mitarbeiter über die entsprechende Qualifikation verfügen. Da – wie später diesem Buch dargestellt – ohnehin eine dezidierte Übersicht über alle Mitarbeiter benötigt wird, sollte hier gleich geklärt werden, dass die jeweiligen Qualifikationen miterfasst werden müssen. Viele Mitarbeiter sind aber auch bereit, sich weiterzubilden und warten manchmal sogar nur darauf, entsprechende Angebote zu bekommen. Deshalb ist es auch hier sinnvoll gleich abzufragen, ob Mitarbeiter bereit wären, bestimmte Qualifikationen nachträglich zu erlangen. Gerade bei einem angespannten Arbeitsmarkt kann es von Vorteil sein, wenn man dem vorhandenen Personal anbietet, sich sukzessive weiterzubilden, denn dies kann gleichzeitig mit Maßnahmen verknüpft werden, durch die Mitarbeiter langfristig an die Praxis gebunden werden. Aber auch hier gilt, wenn das beabsichtigte Praxiskonzept nur mit bestimmten Qualifikationen der Mitarbeiter umgesetzt werden kann, erfordert dies unter Umständen weitergehende Investitionen, die schon frühzeitig in die Planung mit einbezogen werden müssen.

8.3.2 Altersstruktur

Insbesondere freiberufliche Zahnarztpraxen werden häufig über viele Jahre mit gleichbleibender Praxisstruktur und damit auch gleichbleibender Personalstruktur betrieben. Man trifft deshalb häufig Teams an, die schon viele Jahre zusammenarbeiten. Dabei gilt zu bedenken, dass genauso wie der bisherige Praxisinhaber auch das Personal älter wird. Damit steigt nicht nur die Erfahrung, sondern auch die Wahrscheinlichkeit, dass einige Mitarbeiter der Praxis nicht mehr dauerhaft zur Verfügung stehen. Umso wichtiger ist es daher, sich frühzeitig klarzumachen, ob man mit der bestehenden Personalstruktur langfristig weiterarbeiten kann oder aber gleich zu Beginn der Praxisübernahme Maßnahmen ergriffen werden müssen, um langfristig den Personalbedarf zu decken. Gerade wenn Mitarbeiter in Schlüsselfunktionen beziehungsweise –positionen aufgrund Erreichens des Renteneintrittsalters ausfallen ist es schwierig, diese schnell und gleichwertig nachzubesetzen. Geht der einzige Mitarbeiter mit der Qualifikation für Prophylaxeleistungen in den Ruhestand, so können eben diese Leistungen nicht einfach

mal eben durch andere Mitarbeiter übernommen werden. Gerade vor diesem Hintergrund muss man frühzeitig klären, ob alle Schlüsselpositionen in den nächsten Jahren im besten Falle so noch weiter besetzt bleiben. Fallen einzelne Mitarbeiter langfristig aus, muss hierfür schon frühzeitig Ersatz eingeplant werden. Dies kann aber auch bedeuten, dass erst einmal über einen gewissen Zeitraum erfahrene Mitarbeiter angeworben und eingestellt werden oder aber mehrere Mitarbeiter in ein Ausbildungsverhältnis kommen müssen, um dann langfristig durch eigene Weiterbildungen die Qualifikation des gesamten Teams zu sichern. Je nach Region kann es dabei äußerst schwierig werden, geeignetes Personal zeitnah zu finden oder überhaupt Interessenten für die entsprechenden Ausbildungsgänge. All dies muss frühzeitig in die Praxisplanung einbezogen werden, da man ansonsten schnell feststellen wird, dass bestimmte Leistungsangebote und Schwerpunktsetzungen schon wegen fehlendem Personal gar nicht möglich sind. Dies kann auch den Bereich der Abrechnung betreffen. In vielen Arztpraxen wird diese federführend durch wenige aber gut qualifizierte Mitarbeiter organisiert. Fallen diese aus, können die Abrechnungen mit der Kassenzahnärztlichen Vereinigung und auch die privatzahnärztlichen Rechnungen nur noch eingeschränkt erstellt werden. Da aber der stetige Honorarfluss das Rückgrat der Praxis ist, bedeuten Einbrüche in diesem Bereich schnell eine existenzielle Krise für das gesamte Unternehmen. Auch deshalb gilt: frühzeitig Personalbedarf, Personalstruktur und Qualifikation erfassen.

8.3.3 Patientenbindung

Natürlich ist der Leistungserbringer in einer Zahnarztpraxis immer der Zahnarzt selbst. Gerade im Zuge der Weiterentwicklung der zahnmedizinischen Versorgung spielen aber vor allem die Mitarbeiter der Praxis eine große Rolle. Insbesondere im Bereich der Prophylaxe trifft der Patient häufiger auf einen Zahnarzthelfer als auf den Zahnarzt persönlich. Diese typischerweise delegierte Leistung hat also für den Patienten einen höheren Bezug zu den Angestellten als zum Zahnarzt selbst. Auch deshalb ist es besonders wichtig darauf zu achten, wie stark die Patienten durch das vorhandene Personal an die Praxis gebunden werden. Aber nicht nur bestimmte Leistungsangebote wie die Prophylaxeversorgung durch Mitarbeiter gehören dabei zu den relevanten Bereichen, sondern beispielsweise auch besondere Sprachkenntnisse. Je nach Einzugsgebiet und Schwerpunkt der Praxis kann es deshalb vorkommen, dass bestimmte Mitarbeiter als Sprachmittler auftreten. Fällt ein solcher Mitarbeiter aus, können bestimmte Patienten dann nur noch weiter versorgt werden, wenn der Zahnarzt oder andere Mitarbeiter über die notwendigen Sprachkenntnisse verfügen. Auch deshalb muss bei der Bindung von Patienten an die Praxis die Rolle des Personals genau durchleuchtet werden. Zeigt sich hierbei jetzt schon, dass nur durch bestimmte Personalkonstellationen bestimmte Patienten behandelt werden können, bedeutet der Weggang dieser unter Umständen einen großen Umsatzausfall. Man kann dann nicht mehr davon ausgehen, dass die Patienten trotzdem in der Praxis bleiben, dementsprechend müssen die Risiken in die Gesamtbetrachtung einbezogen werden. Dies gilt aber auch für bestimmte Leistungen, bei denen das Team über besondere Erfahrung verfügen muss. Hat sich zum Beispiel ein Mitarbeiter auf den Umgang mit Angstpatienten spezialisiert und stellen diese eine hinreichende Menge an Patienten dar, muss auch dies festgehalten werden. Letztlich ist auch das Personal Teil der betriebswirtschaftlichen Betrachtung der zu übernehmenden Einnahmen der bisherigen Praxis. Dabei kommt man natürlich um eine Gewichtung nicht herum.

8.4 Wirtschaftliche Situation

8.4.1 Ertrag

Jede Zahnarztpraxis ist ein Wirtschaftsunternehmen. Natürlich steht hier die Erbringung zahnmedizinischer Leistungen sowie die Beachtung der ethischen Grundsätze im Vordergrund. Es geht aber auch darum, mit einer Zahnarztpraxis Gewinn zu erzielen. Gewinn ist der Geldbetrag, der dem Praxisinhaber zur Verfügung steht, wenn alle Kosten der Praxis beglichen sind. In den Wirtschaftswissenschaften gibt es viele unterschiedliche Begriffe, um die Ergebnisse eines Unternehmens zu messen. Je nach Betrachtung der unternehmerischen Tätigkeit können dabei ganz unterschiedliche Ergebnisse auftreten. Hat ein Unternehmen zum Beispiel gerade sehr große Investitionen getätigt, dürfen hierfür jährlich bestimmte Beträge bei der steuerlichen Bewertung abgezogen werden (Absetzung für Abnutzung). Schaut man sich also die steuerliche Bewertung eines Unternehmens an, kann es unmittelbar nach größeren Investitionen vorkommen, dass der individuelle Gewinn des Unternehmens gering ist, weil hiervon steuerrechtlich noch bestimmte Beträge abgezogen werden dürfen. Es ist deshalb besonders wichtig, dass auch zum effektiven Vergleich der Unternehmen immer dieselbe Betrachtungsmethode angewandt wird. Nur bei einer einheitlichen Betrachtung ist es möglich, verschiedene Unternehmen, d. h. verschiedene Zahnarztpraxen, die vielleicht zeitgleich zur Übernahme anstehen, miteinander zu vergleichen. Unter Umständen sind die Darstellungen der einzelnen Praxen für den Laien nur schwer miteinander zu vergleichen, hier gilt es, unter Zuhilfenahme versierter Berater die entsprechenden Vergleichsmöglichkeiten zu schaffen. Zwar erstellen praktisch alle Steuerberater für die von ihnen betreuten Praxen sogenannte betriebswirtschaftliche Auswertungen, aber auch hier können je nach Rechtsform der Praxis oder Struktur der Trägergesellschaft unterschiedliche Methoden zum Einsatz kommen. Wichtig ist nur, dass auch für die Gesamtbewertung des Unternehmens immer der tatsächliche Ertrag der Praxis, d. h. der tatsächliche Einnahmeüberschuss, nach Abzug aller unmittelbaren betrieblich veranlassten Kosten miteinander verglichen wird.

8.4.2 Scheinzahl/Privatpatienten

Der Bereich der zahnmedizinischen Leistungen ist sehr unterschiedlich. Gerade die Vielzahl der möglichen Schwerpunktsetzungen und die unterschiedlichen Methoden der Abrechnung der erbrachten Leistungen haben zur Folge, dass ohne genaue Kenntnis der zugrundeliegenden Abrechnungsdaten eine genaue Bewertung einer Praxis nur sehr schwer möglich ist. Im Bereich der vertragszahnärztlichen und der privatzahnärztlichen Versorgung gibt es jedoch gewisse Indikatoren, die durchaus dazu geeignet sind, Praxen effektiv miteinander zu vergleichen.

8.4.2.1 Scheinzahl

In der ambulanten vertragszahnärztlichen Versorgung werden alle Leistungen unmittelbar mit der Kassenzahnärztlichen Vereinigung abgerechnet. Traditionell werden dabei alle Leistungen zugunsten eines Versicherten in einem Quartal zusammengefasst. Historisch war dies ursprünglich der Abrechnungsschein, den der Zahnarzt für jeden Patienten anfertigte und dann der Kassenzahnärztlichen Vereinigung übergab. Auch in der mittlerweile beleglosen digitalen Abrechnung mit der Kassenzahnärztlichen Vereinigung hat dieser Schein noch eine bestimmte Bedeutung. Denn die Anzahl der Abrechnungsscheine entspricht der Anzahl der behandelten Patienten in einem Quartal. Da im Regelfall je Patient ein bestimmter Grundbetrag zur Verfügung steht (Fallwert), lässt sich daraus sogar errechnen, welches Abrechnungsbudget in diesem Bereich immer realisiert werden kann. Deshalb ist es durchaus von Vorteil, die konkreten Scheinzahlen der

Praxis zu kennen. Hierdurch kann man letztlich die Zahl der behandelten Patienten in den unterschiedlichen Praxen miteinander vergleichen.

Auch wenn dann der Umfang der individuell erbrachten Leistungen divergiert und kein unmittelbarer Zusammenhang zwischen der Zahl der behandelten Patienten und dem Umsatz in der Kassenzahnärztlichen Versorgung bestehen muss, ist dies doch ein wesentlicher Hinweis darauf, welche tatsächliche Größe eine Praxis erreicht hat. Die Zahl der Abrechnungsscheine wird durch die Kassenzahnärztliche Vereinigung im Rahmen der Quartalsabrechnung bindend festgestellt. Denn erst nach Durchführung aller Abrechnungsschritte und Korrekturschritte seitens der Kassenzahnärztlichen Vereinigung steht fest, welche Leistungsmenge im Bereich der Versorgung gesetzlich versicherter Patienten abgerechnet werden kann. Sie sollten also bei der Überprüfung einer zu übernehmenden Praxis zunächst einmal nachfragen, welche Anzahl der Abrechnungsscheine in den letzten Jahren erreicht wurde. Da für jedes Quartal eine separate Honorarabrechnung erstellt wird, kann man daran sehr leicht ablesen, ob die Praxis über viele Jahre eine gleichbleibende Anzahl an Patienten behandelt hat oder aber die Zahl der behandelten Patienten rückläufig ist. Aufgrund der Besonderheiten der Abrechnungssysteme ist es manchmal sogar aussagekräftiger, auf diese Zahlen zurückzugreifen, denn letztlich kann die unterschiedliche Bewertung von Leistungen dazu führen, dass sich ohne Zutun des Praxisinhabers die Umsätze verändern, selbst bei gleichbleibender Patientenzahl. Deshalb muss eine der ersten Fragen bei der Überprüfung der Praxis immer lauten: Wie waren die Scheinzahlen in den letzten Jahren?

8.4.2.2 Privatpatienten und Zuzahlungen

Besonders zu beachten sind die Privatpatienten. Dabei handelt es sich um Patienten, die die jeweilige Behandlung selbst bezahlen, weil sie nicht zum Leistungsumfang der gesetzlichen Krankenversicherung gehört (sogenannte Selbstzahler) oder aber um Patienten, die nur privatversichert sind und die demnach die jeweiligen Leistungen später mit der bestehenden privaten Krankenversicherung abrechnen. Natürlich spielt auch hier die Summe der behandelten Patienten eine besondere Rolle. Je mehr Patienten behandelt wurden, desto höher ist der zu erwartende Ertrag beziehungsweise desto höher sind die zu erwartenden Einnahmen in diesem Bereich. Allerdings spielt die unterschiedliche Vergütung bestimmter Leistungen im Bereich der Versorgung von Selbstzahlern und privatversicherten Patienten eine noch größere Rolle. Hier kann mitunter mit einem Patienten sogar ein höherer Umsatz erzielt werden, als beispielsweise mit 10 Patienten, bei denen nur Vorsorgeuntersuchungen durchgeführt werden. Deshalb ist es hier besonders wichtig, den Gesamtumsatz im jeweiligen Abrechnungszeitraum (in der Regel innerhalb eines Quartals) zu kennen, um eine Einzelpraxis zu bewerten und diese mit anderen Praxen zu vergleichen. Je nach Abrechnungssystematik können diese Zahlen relativ leicht ermittelt werden. Wenn die Praxis selbst diese Leistungen abrechnet, werden häufig in der Buchhaltung alle Privatrechnungen separat erfasst, sodass man den gesamten Umsatz dieses Bereiches relativ schnell überschauen kann. Erfolgt die Abrechnung über eine privatärztliche Verrechnungsstelle, kann anhand der von dort zugehenden Quartalsabrechnung leicht ermittelt und verglichen werden, wie die wirtschaftliche Situation der Praxis in diesem Bereich ist.

Auch Kassenpatienten können zu Privatpatienten werden, wenn es gelingt, den Patienten von einer höherwertigen Versorgung zu überzeugen. Das System der Festzuschüsse ermöglicht dem Patienten, auf eigene Kosten eine andere Versorgung in Anspruch zu nehmen. Es lohnt sich, auch dieser Patientengruppe die Vorteile einer Behandlungsalter-

native nahe zu bringen. Zum einen fühlt der Patient sich gut beraten und behandelt, zum anderen steigt der Gewinn der Praxis.

8.4.3 Alleinstellungsmerkmale

Gerade in den letzten Jahrzehnten hat sich das Leistungsportfolio der Zahnarztpraxen wesentlich verändert. Zu der regulären Basisversorgung kamen inzwischen immer mehr invasive Bereiche hinzu, die auch in der ambulanten zahnärztlichen Versorgung abgedeckt werden, beispielsweise die Oralchirurgie, Implantologie oder kosmetische Zahnbehandlungen. Wie bei jedem Unternehmen spielt das konkrete Leistungsangebot eine wesentliche Rolle. Erzielen Unternehmen zum Beispiel mit bestimmten Angeboten oder bestimmten Leistungen hohe Einnahmen und stellen diese den größten Einnahmeanteil dar, ist es besonders wichtig, dass dieser Unternehmensbereich fortbesteht, um dieselben wirtschaftlichen Erfolge zu erzielen. Es handelt sich dabei häufig um Alleinstellungsmerkmale. Wir haben uns zu Beginn dieses Kapitels bereits mit dem Einzugsgebiet und der potentiellen Konkurrenzsituation der Praxis befasst. Dabei wurde regelmäßig das bestehende Leistungsportfolio der Praxis mit dem der umgebenden Praxen verglichen. Schon anhand dieser Auswertung lässt sich leicht feststellen, ob bestimmte Leistungen nur in dieser Praxis angeboten werden. Dann stellt dies ein Alleinstellungsmerkmal gegenüber allen anderen Praxen dar. Sollen perspektivisch zukünftig Leistungen angeboten werden, die keine der Praxen im Einzugsgebiet anbietet, kann auch dies zukünftig ein Alleinstellungsmerkmal darstellen. Ausgehend von diesen Feststellungen muss jetzt in einem zweiten Schritt geprüft werden, welche wirtschaftlichen Auswirkungen dies auf die Praxis hat. Gibt es zum Beispiel in der Umgebung keine Praxis, die eine Implantatversorgung anbietet, ist dies ein wesentlicher Hinweis darauf, dass der wirtschaftliche Erfolg der Praxis darauf beruht, eben dieses Angebot aufrechtzuerhalten. Werden damit aber nur geringe Einnahmen erzielt oder sind mit einem bestimmten Alleinstellungsmerkmal so hohe Kosten verbunden, dass die Ertragslage in diesem Bereich weniger optimal ist, kann später sogar auf diesen Bereich verzichtet werden. Die Besonderheit oder die Bedeutung eines Alleinstellungsmerkmal hängt demnach wesentlich auch von dessen wirtschaftlichen Auswirkungen auf die Praxis ab. Man kann deshalb grundsätzlich nie ein Alleinstellungsmerkmal unabhängig von dessen wirtschaftlicher Bedeutung für die Praxis bewerten. Stellt man aber fest, dass bestimmte Leistungen nur von der übernehmenden Praxis erbracht werden und dass diese Leistung auch noch den wesentlichen Umsatzanteil der Praxis ausmachen, ist es umso wichtiger für den Praxisübernehmer, dass auch er diese Leistung weiter anbieten kann oder vielleicht sogar ausbaut. Stellt man aber frühzeitig fest, dass sich langfristig die Konkurrenzsituation in einer Region verändern wird und vielleicht auch andere Praxen diese Leistung anbieten, ist die wirtschaftliche Relevanz dieses Merkmals zwar gegenwärtig gegeben, wird aber langfristig sinken und damit steigt zugleich auch das Risiko, dass sich die Ertragslage negativ für den Praxisübernehmer verändern wird. Deshalb ist es umso wichtiger, all diese Merkmale frühzeitig festzustellen. Besonders bei der Übertragung der Leistungen des Praxisabgebers ist darauf zu achten, dass diese auch rechtmäßig in der Zukunft erbracht werden dürfen. So sind vor einigen Jahren Strafnormen geschaffen worden, um die Bestechlichkeit im Gesundheitswesen unter Strafe zu stellen, da in der Vergangenheit oft zu leichtfertig mit Leistungen und Gegenleistungen und damit mit dem verbot Zuweisung gegen Entgelt umgegangen wurde. Auch hier sollte daher immer ein Fachmann zu Rate gezogen werden.

8.5 Dokumentation

8.5.1 Arbeitsverträge

Damit die Praxisübernahme erfolgreich vonstattengeht, müssen vor allem die zu übernehmenden Arbeitsverträge gut dokumentiert werden. Der Gesetzgeber hat festgelegt, dass bei einem Betriebsübergang, d. h. dem Kauf eines Unternehmens wie beispielsweise einer Zahnarztpraxis, die dort bestehenden Arbeitsverhältnisse auf den Käufer übergehen. Diese Vorschriften dienen im Wesentlichen dem Schutz des Arbeitnehmers vor dem Verlust seines Arbeitsplatzes.

Dies bedeutet aber für den Unternehmenskäufer, dass er nicht frei entscheiden kann, welche Arbeitnehmer er übernimmt, sondern dass stets das gesamte Unternehmen übernommen und fortgeführt werden muss. Umso wichtiger ist es genau zu wissen, welche Arbeitnehmer zu welchen Konditionen im Unternehmen beschäftigt werden. Bei der Überprüfung des Unternehmens Zahnarztpraxis sollte deshalb eine Liste aller in der Praxis beschäftigten Arbeitnehmer übergeben werden, ebenso Kopien der bestehenden Arbeitsverträge. Häufig bestehen aber gerade bei seit vielen Jahren betriebenen Zahnarztpraxen die Arbeitsverträge schon seit Jahrzehnten. Gerade bei erfahrenen Mitarbeitern wurden Löhne und Gehälter häufig angepasst, sodass nicht zwingend das aktuell gezahlte Gehalt mit dem noch im Arbeitsvertrag vereinbarten Gehalt übereinstimmt. Auch wenn es grundsätzlich sinnvoll rechtlich zum Teil auch notwendig ist, alle Anpassungen des Arbeitsvertrages schriftlich zu fixieren und zu dokumentieren, so trifft man in der Praxis regelmäßig auf Fälle, in denen eine große Diskrepanz zwischen der Lohnsumme in der Buchhaltung und der Lohnsumme aus den Arbeitsverträgen besteht. Es hat sich deshalb als praktikabel erwiesen, zusätzlich zu einer

Liste der Arbeitnehmer und den Kopien der Arbeitsverträge eine Kopie des Lohnjournals der Lohnbuchhaltung zu fordern. Anhand dieses Ausdruckes kann man ganz leicht feststellen, welche tatsächlichen Bruttolöhne gezahlt werden und welche Kosten damit verbunden sind. Man kann damit auf einen Blick erkennen, wie hoch die tatsächlichen Abweichungen zwischen den gewährten Löhnen und den ursprünglich vereinbarten Löhnen ist.

8.5.2 Mietverträge

Die allermeisten Zahnarztpraxen werden in gemieteten Räumen ausgeübt. Es handelt sich dabei häufig um Räume in Ärztehäusern oder sonstige Gewerberäume, in denen der Betrieb einer Zahnarztpraxis zulässig ist. Wie bereits zu Beginn dieses Kapitels festgestellt, spielt die Lage der Praxis und das konkrete Einzugsgebiet eine wesentliche Rolle für die Bewertung der Praxis und den zu erwartenden wirtschaftlichen Erfolg. Umso wichtiger ist damit der langfristige Fortbestand der Nutzungsberechtigung an den vorhandenen Räumen für den Erfolg der Praxis. Sie sollten sich daher gleich zu Beginn der Überprüfung eine Kopie des Mietvertrages und insbesondere sämtlicher Zusatzvereinbarungen zum jeweiligen Mietvertrag vorlegen lassen. Gerade bei Gewerbemietverträgen ist es besonders wichtig, alle Veränderungen peinlich genau zu dokumentieren und zusammen mit dem jeweiligen Mietvertrag aufzubewahren. Im Hinblick auf die langen Laufzeiten von Gewerbemietverträgen kommt es insbesondere darauf an, dass die jeweiligen Optionsrechte zu Verlängerungen des jeweiligen Mietvertrages dokumentiert sind und überdies auch die Ausübung dieser Optionsrechte nachvollzogen werden kann. Bitte lassen Sie sich daher auch alle Zusatzvereinbarung und die wesentlichen Schriftwechsel zum jeweiligen Mietvertrag zur Überprüfung der Praxis frühzeitig vorlegen. Anhand der so vorliegenden Unterlagen kann dann auch festgestellt werden, ob die Praxisräume langfristig genutzt werden können und dürfen. In vielen Mietverträgen findet sich eine entsprechende Regelung, anhand derer ein potentieller Praxisübernehmer den bestehenden Mietvertrag übernehmen darf. Letztlich besteht der Mietvertrag aber immer nur mit dem aktuellen Mieter. Der Praxisübernehmer muss deshalb erst einmal erreichen, dass er den bestehenden Mietvertrag übernehmen kann und darf. Hier muss dann unter Umständen mit sachverständiger Hilfe gleich geklärt werden, ob und wie lange der Mietvertrag am bisherigen Standort noch zu seinen bisherigen Konditionen fortgeführt werden kann und ob auch ein Übernehmer in den Mietvertrag ohne weiteres eintreten darf. Hier hat sich in der Praxis gezeigt, dass die Neuverhandlung des Mietvertrages ganz häufig auch mit einer Anpassung der Miete verbunden ist, sodass sich dieser Kostenbereich unter Umständen letztlich negativ auf den Praxisübernehmer auswirken kann.

8.5.3 Leasingverträge

Aufgrund der hohen Kosten, die mit der Anschaffung bestimmter Geräte verbunden sind, wird häufig dazu übergegangen, diese Geräte gar nicht mehr direkt zu erwerben, sondern im Rahmen eines Leasingvertrages zu nutzen. Entsprechende Verträge finden sich häufig bei Geräten im Bereich der Diagnostik aber auch im Bereich der Herstellung von Zahnersatz. Da die Praxis immer auf solche Geräte angewiesen ist, muss auch hier wie bei dem Mietvertrag geklärt werden, wie die konkreten Verträge gestaltet sind. Häufig finden sich auch bei Leasingverträgen Regelungen, aufgrund derer ein potentieller Praxisübernehmer in den bestehenden Leasingvertrag eintreten kann und darf. Manchmal ist hierzu nur eine schlichte Mitteilung an den Leasinggeber notwendig, häufig aber ein gesonderter Übernahmevertrag. Deshalb gilt, frühzeitig Kopien der entsprechenden Verträge zu verlangen, damit genau – auch hier gegebenenfalls mit sachverständiger Hilfe – geprüft werden kann, ob die bestehende Praxisausstattung weiter genutzt werden kann und darf.

8.6 Fortführungsfähigkeit, Sitz in Gefahr?

8.6.1 Spezialisierung

Es wurden bereits eingehend mögliche Spezialisierungen sowie etwaige Schwerpunkte im Leistungsangebot der Praxen behandelt. Bei der Übernahme einer Zahnarztpraxis und der Fortführung dieser durch einen Nachfolger ist es deshalb umso wichtiger, dass der potentielle Nachfolger alle Spezialisierungen der bisherigen Praxis aufweist, um so dasselbe Leistungsangebot weiterhin anbieten zu können. Denn die Bewertung des Unternehmens Zahnarztpraxis geht immer davon aus, dass die Praxis als solche nach Austausch des Zahnarztes vom Praxisnachfolger auch genau so weiter betrieben wird. Hat also die Praxis beispielsweise einen Schwerpunkt in der Oralchirurgie und werden die allermeisten Patienten oralchirurgisch versorgt, macht es keinen Sinn, wenn der Praxisübernehmer hier keine eigenen Leistungsschwerpunkte setzen kann oder will. In diesem Fall besteht nicht das Risiko, dass nach Wegfall dieses Angebotes praktisch keine Patienten mehr in die Praxis kommen und ein wesentlicher Einnahmebereich wegfällt. Dasselbe gilt auch für einen Schwerpunkt in der Implantologie oder in vergleichbaren Bereichen. Nur wenn dieser Schwerpunkt vom Praxisübernehmer weitergeführt werden kann, kann auch das Gesamtunternehmen in seiner bisherigen Form fortgeführt werden. Da ein Unternehmen aber ganz unterschiedliche Leistungen anbieten kann, kommt es darauf natürlich nicht an, wenn mit dieser Spezialisierung kaum Einnahmen verbunden sind. Dies ist aber gerade in der heutigen Zeit kaum mehr der Fall. Gerade im Zuge der zunehmenden Spezialisierung von Zahnarztpraxen kommt

es immer stärker darauf an, dass potentielle Praxisnachfolger dasselbe Leistungsportfolio anbieten können. Man trifft deswegen ganz häufig bei der Prüfung von Praxen auf klar definierte Leistungsschwerpunkte, die praktisch immer mit Einnahmeschwerpunkten im selben Bereich einhergehen. In diesem Falle gilt: die Praxis kann mit der bisherigen Ertragslage nur sicher fortgeführt werden, wenn der Praxisnachfolger dieselben Schwerpunkte aufweist. Fallen diese Schwerpunkte weg, muss dies entweder in Kauf genommen und ein neues Praxisportfolio aufgebaut werden oder man muss schlichtweg von der Übernahme dieser Praxis absehen. Immer dann, wenn Spezialisierung und wirtschaftlicher Erfolg der Praxis wesentlich miteinander korrelieren muss dies Berücksichtigung finden.

8.6.2 Teilnahme an der kassenzahnärztlichen Versorgung

Die Einnahmen der Praxen verteilen sich auf Einnahmen aus der Behandlung gesetzlich versicherter Patienten und der Behandlung von privat versicherten Patienten oder Selbstzahlern. In Abhängigkeit vom jeweiligen Leistungsschwerpunkt spielt dabei der Honoraranteil entsprechend der Behandlung von gesetzlich versicherten Patienten eine mehr oder weniger große Rolle. Hierzu ist aber eine Teilnahme an der kassenzahnärztlichen Versorgung notwendig, die Praxis muss deshalb über eine Zulassung zur ambulanten vertragszahnärztlichen Versorgung verfügen. Zuständig für die Zulassung zur ambulanten vertragszahnärztlichen Versorgung ist der Zulassungsausschuss für Zahnärzte im jeweiligen Planungsbereich. Welcher Zulassungsausschuss für den gewählten Praxisstandort zuständig ist, kann man bei der kassenzahnärztlichen Vereinigung erfragen.

Dies alleine ist jedoch nicht maßgeblich. Denn mit der Zulassung zur ambulanten vertragszahnärztlichen Versorgung sind auch bestimmte Rechte und Pflichten des jeweiligen Zahnarztes verbunden. Eine wesentliche Pflicht ist dabei die Behandlung von gesetzlich versicherten Patienten. Denn die Kassenzahnärztliche Vereinigung kommt ihrer Pflicht zur Versorgung der Patienten im jeweiligen Zuständigkeitsbereich (sogenannte Sicherstellungsauftrag) dadurch nach, dass sie dafür sorgen, dass ausreichend Zahnärzte die zu ambulanten vertragszahnärztlichen Versorgung zugelassen sind. Die Praxis muss also einen Teil des Sicherstellungsauftrages der kassenzahnärztlichen Vereinigung übernehmen. Und genau hier ist häufig ein Problem gegeben: wenn nicht mehr in ausreichendem Maße gesetzlich versicherte Patienten versorgt werden, etwa, weil durch eine Schwerpunktsetzung diese Leistung kaum mehr angeboten werden kann, kann grundsätzlich der

Praxis die entsprechende Zulassung entzogen werden. In diesen Fällen ist also die Zulassung in Gefahr. Gerade dies muss frühzeitig bei der Analyse einer Praxis berücksichtigt werden. Derzeit gibt es keine Beschränkungen, um eine Zulassung zur ambulanten vertragszahnärztlichen Versorgung zu bekommen (keine Bedarfsplanung). Deshalb kann ein potentieller Praxisnachfolger praktisch überall in Deutschland eine Zulassung auf Antrag erhalten. Eine frühzeitige Überprüfung ist daher unerlässlich. Oftmals hilft hier aber auch die Kassenzahnärztliche Vereinigung weiter. Sie kann und muss auf Antrag des Praxisinhabers mitteilen, ob aus ihrer Sicht die Zulassung für die Praxis erhalten bleibt oder ein potentieller Nachfolger dort ohne Weiteres eine eigene Zulassung erlangen kann.

Übernahme einer Praxis oder eines Praxisanteils?

Inhaltsverzeichnis

© Springer-Verlag GmbH Deutschland, ein Teil von Springer Nature 2020
G. Bierling et al., *Zahnarztpraxis - erfolgreiche Übernahme und Gründung*, Erfolgskonzepte
Zahnarztpraxis & Management, https://doi.org/10.1007/978-3-662-57812-4_9

9.1 Kaufpreisfindung

Weniger rechtlich aufwändig als rein praktisch und vor allem auch wirtschaftlich bedeutsam ist die Frage, wie viel der Praxisübernehmer für die nach reiflicher Überlegung auserkorene Praxis oder den auserkorenen Praxisanteil ausgeben und dann natürlich auch finanzieren (können) muss. Die Interessenlage der Parteien ist naturgemäß von vollkommen gegensätzlichen Vorstellungen und Wünschen geprägt und liegt dementsprechend weit auseinander. Während der Praxisabgeber, der oftmals sein hart erarbeitetes Lebenswerk aus den Händen gibt und – vielleicht auch zur Alterssicherung – einen möglichst hohen Kaufpreis erzielen möchte, möchte der oftmals noch junge und damit weniger finanzkräftige Praxisübernehmer bei einer florierenden Praxis am liebsten ein „Schnäppchen" machen.

9.2 Marktpreis

Wichtige Orientierungshilfe und zugleich auch Maßstab für den Zulassungsausschuss im Rahmen der Nachbesetzung eines Vertragszahnarztsitzes ist der potentielle Marktpreis, auch Verkehrswert genannt.

Beim Marktpreis handelt es sich um einen durchschnittlichen Preis für eine durchschnittliche Praxis beziehungsweise einen durchschnittlichen Praxisanteil. Die zu übernehmende Praxis beziehungsweise der zu übernehmende Praxisanteil wird insoweit mit einer Durchschnittspraxis verglichen. Dabei sollte unbedingt darauf geachtet werden, dass die ins Auge gefasste Praxis und die „Durchschnittspraxis" auf Basis des gleichen Datenmaterials bewertet werden. Da mit Durchschnittswerten gearbeitet wird, die naturgemäß kaum Rücksicht auf regionale wie persönliche Besonderheiten oder veränderte Marktbedingungen nehmen, kann der Marktpreis naturgemäß keinen Ersatz für die noch zu schildernden Methoden der Praxisbewertung darstellen, sondern nur einen Anhaltspunkt liefern.

Im Nachbesetzungsverfahren ist der vereinbarte Kaufpreis nur sehr begrenzt relevant. Das bedeutet, dass der Praxisabgeber im schlimmsten Falle nur den Verkehrswert beanspruchen kann, der damit das allein maßgebliche, zu erfüllende Kriterium für den Zulassungsausschuss darstellt. Sollte nämlich vom Zulassungsausschuss ein bestimmter Bewerber begünstigt werden und die Zulassung erhalten, mit dem sich der Praxisabgeber aber gerade nicht auf einen im Vergleich zum Verkehrswert höheren Kaufpreis geeinigt hat, besteht eben auch nur ein Anspruch auf den vom erfolgreichen Bewerber gebotenen Kaufpreis. Im Umkehrschluss wird aber auch ein Bewerber von vornherein ausgeschlossen, sollte er nicht bereit ist, mindestens den Verkehrswert zu bezahlen. Insoweit werden die finanziellen Interessen des Praxisabgebers teilweise also zu Gunsten der Qualität des Gesundheitssystems hintenangestellt.

Um den gewünschten Kaufpreis auch tatsächlich realisieren zu können, wird ein vorsichtiger und gut beratener Praxisabgeber im Idealfall also mit jedem Bewerber im Nachbesetzungsverfahren einen Praxisübernahmevertrag, freilich unter dem Vorbehalt der erteilten Zulassung, schließen, um nicht Gefahr zu laufen, an den vom Zulassungsausschuss auserwählten Bewerber nach erfolgter Zulassung und damit an den entsprechenden Kaufpreis gebunden zu sein. Aus Sicht des Praxisabgebers kann es sich anbieten, ein Verkehrswertgutachten erstellen zu lassen und es dem Zulassungsausschuss vorzulegen, um sicher zu gehen, dass der Zulassungsausschuss bei seiner Entscheidung nicht einen zu niedrigen Marktwert zu Grunde legt.

Der Praxisübernehmer sollte eruieren, mit wem der Praxisabgeber gegebenenfalls noch einen oder weitere Praxisübernahmeverträge geschlossen hat und dabei insbesondere herausfinden, wie die maßgeblichen Vertragsinhalte, allen voran der Kaufpreis, ausgestaltet sind. Hieraus lässt sich dann unter Umständen, sofern und soweit der Praxisabgeber hierüber auch Auskunft zu geben bereit ist, ableiten, wie ernst es ihm mit dem jeweiligen potentiellen Praxisübernehmer ist. Außerdem sollte der Praxisübernehmer versuchen, Einfluss darauf zu nehmen, ob und wenn ja, welches von mehreren Gutachten dem Zulassungsausschuss vorgelegt wird. Aus Sicht des Praxisabgebers gilt es, dem Zulassungsausschuss den größtmöglichen Wert der Praxis oder des Praxisanteils plausibel zu machen und im Übrigen damit zugleich auch den Eindruck einer für die Versorgung der Patienten unverzichtbaren Praxis zu vermitteln, insbesondere unter Herausarbeitung vorhandener (oder, wenn möglich, noch zu schaffender) Alleinstellungsmerkmale der Praxis. Je höher der Kaufpreis ist, desto eher wird der Zulassungsausschuss oder die Kassenzahnärztliche Vereinigung annehmen, es mit einer versorgungsrelevanten Praxis zu tun zu haben. Folglich gibt es umso größere Chancen für den Praxisübernehmer, dass die auserkorene Praxis beziehungsweise der auserkorene Praxisanteil nicht aufgekauft, sondern der entsprechende Vertragszahnarztsitz – mit ihm – nachbesetzt wird.

Letztlich liegt es allein in der Hand der Parteien, sich auf einen Kaufpreis zu einigen. Maßgeblichen Einfluss auf den Preis haben insoweit nämlich schlicht und einfach Angebot und Nachfrage. Marktpreis und Wert einer Praxis dürfen also nicht verwechselt und erst recht nicht gleichgesetzt werden – schon gar nicht mit dem angestrebten oder zu bezahlenden Kaufpreis.

Während die Parteien den Preis frei verhandeln können, ermittelt eine Bewertung demgegenüber schlicht den Wert der Praxis oder des Praxisanteils zu einem bestimmten Stichtag.

Nimmt man das Beispiel einer ländlichen Zahnarztpraxis, so wird der Unterschied schnell deutlich: Ist auch der Wert der Praxis noch so hoch und werden dort noch so viele teure medizinische Gerätschaften vorgehalten, findet sich aber schlicht kein Praxisübernehmer, der bereit wäre, sich mit der Landluft anzufreunden, verflüchtigt sich der Traum des Praxisabgebers, einen hohen Kaufpreis zu erzielen recht schnell. Darin kann aber gerade die Chance des Praxisübernehmers liegen, tatsächlich ein „Schnäppchen" zu machen. Er wird allerdings dafür bereit sein müssen, eine Praxis oder einen Praxisanteil in einer unterversorgten und damit zumeist ländlich geprägten Gegend und/oder in einem weniger beliebten Fachgebiet mit entsprechend weniger zahlreichen Bewerbern zu übernehmen.

Um Fehleinschätzungen beider Seiten vorzubeugen, empfiehlt es sich aber in jedem Fall, eine Praxisbewertung oder jedenfalls eine Schätzung des Praxiswerts vornehmen zu lassen, um zumindest eine Basis für die Kaufpreisverhandlungen zu haben.

9.3 Methoden der Praxisbewertung

Bei einer jeden Praxisbewertung sind im Grundsatz immer zwei Positionen relevant, namentlich die Positionen des materiellen und des immateriellen Praxiswertes.

Unter den materiellen Praxiswert fallen alle vorhandenen Gegenstände der Praxis, wie unter anderem Einrichtungsgegenstände oder auch medizinische Geräte.

Unter den immateriellen Praxiswert fällt im Wesentlichen der Patientenstamm, welcher die Grundlage darstellt, um Umsätze und damit Gewinne zu erzielen. Dieser immaterielle Praxiswert wird oft auch als sogenannter „Goodwill" bezeichnet.

Eine einheitliche allgemein gültige Formel zur Berechnung des Praxiswerts existiert nicht. Dementsprechend gibt es eine Vielzahl von Methoden, die den Praxiswert, insbesondere den Goodwill, mit unterschiedlichen Schwerpunktsetzungen zu bewerten versuchen. Die verschiedenen Berechnungsmethoden zur Bestimmung des Praxiswerts überschneiden sich dabei häufig und mischen verschiedene Ansatzpunkte mit unterschiedlichsten Begründungen. Im Ergebnis hat jede Methode ihre Vor- und Nachteile und muss ohnehin an die Umstände des Einzelfalles angepasst werden.

Einfließen sollten aber in jede Art der Kaufpreisfindung zum einen der Goodwill und zum anderen – je nach gewählter Methode – der stichtagsbezogene Zeitwert der materiellen Wirtschaftsgüter oder jedenfalls der Sachwerte, die sich im Aktiv- oder Passivvermögen befinden und daher nicht unmittelbar zur Ausübung des zahnärztlichen Berufs, insbesondere der Behandlung von Patienten, und damit zur Umsatzerzielung eingesetzt werden (Substanzwert).

Letzterer sollte nicht zuletzt auch bei teuren medizinisch-technischen oder EDV-Geräten, die einem raschen technischen Fortschritt (und damit Wertverlust) unterliegen, am besten von einem Sachverständigen (bevorzugt aus Sicht des Praxisübernehmers nicht die Herstellerfirma) unter Berücksichtigung der bereits abgelaufenen und noch zu erwartenden Nutzungsdauer sowie der Erfüllung oder jedenfalls Erfüllbarkeit rechtlicher Anforderungen geschätzt werden. Einen ersten Anhaltspunkt mag hier auch ein Blick in das steuerliche Abschreibungsverzeichnis bieten, das zumindest den Wertverlust aus steuerlicher Sicht zu beschreiben vermag. Eine Aussage zum tatsächlich erzielbaren Marktpreis kann dieses Verzeichnis aber sicher nicht treffen.

Um Verunsicherungen vorzubeugen und Klarheit zu schaffen, werden nachfolgend die beiden gängigsten und auch die von den Gerichten bevorzugt angewandten Methodenvariationen kurz erläutert.

9.3.1 Neue Ärztekammermethode

Die sogenannte neue Ärztekammermethode ermittelt den Praxiswert anhand der materiellen und immateriellen Wirtschaftsgüter der Praxis. Während die Berechnung der materiellen Wirtschaftsgüter im Regelfall durch Preisvergleiche am Markt möglich ist, stellt der problematischere Teil die Ermittlung des immateriellen Praxiswertes dar. Letzterer macht im Wesentlichen den Unterschied zwischen den verschiedenen Bewertungsmethoden aus und wird nach der neuen Ärztekammermethode wie folgt ermittelt:

Es wird der Durchschnitt der übertragbaren Umsätze der letzten drei Jahre gebildet. Von diesem wird der Durchschnitt der übertragbaren Kosten (Betriebsausgaben beziehungsweise Betriebskosten) der letzten drei Jahre und sodann ein kalkulatorisches Zahnarztgehalt abgezogen. Dieser erzielbare Gewinn wird zuletzt mit dem Prognosefaktor zwei multipliziert.

■ **Beispiel**

	Übertragbarer Umsatz und übertragbare Kosten jeweils 90 %
Durchschnittlicher Umsatz	500.000,00 EUR
./. 10 % Korrekturbetrag	50.000,00 EUR
Übertragbarer Umsatz	**450.000,00 EUR**
Durchschnittliche Kosten	300.000,00 EUR
./. 10 % Korrekturbetrag	30.000,00 EUR
Übertragbare Kosten	**270.000,00 EUR**
Zwischensumme:	**180.000,00 EUR**
./. fiktives Zahnarztgehalt	**80.000,00 EUR**
erzielbarer Gewinn	**100.000,00 EUR**
Prognosefaktor	**2**
immaterieller Gesamtwert	**200.000,00 EUR**

Dieser Methode wird entgegengehalten, dass sie ausschließlich vergangenheitsbezogen sei und dass der statische Prognosefaktor den Einzelfall nicht berücksichtigen würde und letztlich willkürlich sei.

9.3.2　**Ertragswertmethoden**

Gemein haben all die verschiedenen betriebswirtschaftlichen Methoden, dass sie als maßgeblichen Wert eines jeden Unternehmens (und somit einer jeden Praxis) den namensgebenden Ertragswert zu Grunde legen.

Der Ertragswert hängt maßgeblich von fünf Faktoren ab. Diese Faktoren sind

1. der erwartete Zukunftserfolg (arithmetisches Mittel einer um atypische Ereignisse bereinigten, zu schätzenden Prognose auf Basis der vergangenen Erfolge),
2. der Substanzwert,
3. der kalkulatorischen Unternehmer- beziehungsweise Zahnarztlohn,
4. der Kalkulationszinssatz sowie
5. die Länge des betrachteten Referenzzeitraums (in der Regel drei Jahre).

Der Unternehmerlohn orientiert sich an dem Gehalt der entsprechenden Vergütungsgruppen des Tarifvertrags für den öffentlichen Dienst (TVöD) E 13 – E 15.

Beim Zukunftserfolg zu berücksichtigen sind vorhersehbare zukünftige Entwicklungen, wie voraussichtliche Änderungen in der Patientenstruktur, Änderungen gesetzlicher Vorgaben, Veränderungen des Praxispersonals und der Praxisräumlichkeiten, Umsatzentwicklungen oder äußere Bedingungen.

Der Kalkulationszinssatz setzt sich zusammen aus dem Basiszins und einem zu bestimmenden Risikoaufschlag.

Bereinigt werden müssen die Faktoren jeweils bei atypischen Vorkommnissen in der Vergangenheit, wie zum Beispiel dem Ein- oder Austritt eines Kollegen einer Berufsausübungsgemeinschaft, Ausfall wegen längerer Krankheit oder sonstige Abwesenheit des Praxisabgebers, beispielsweise durch Verlängerung oder Verkürzung des Referenzzeitraums.

Die Ertragswertmethode ist besser in der Lage, auf die individuellen Chancen und Risiken einzugehen als die neue Ärztekammermethode. Sie birgt dadurch aber auch größere Unsicherheitsfaktoren, da sie mit Prognosen, die sich naturgemäß nachträglich als zu- oder eben aber auch als unzutreffend herausstellen können, und mit äußerst komplexen Berechnungen arbeitet. Hier empfiehlt es sich also, mehrere Berechnungen unter Berücksichtigung verschiedener denkbarerer Variablen vornehmen zu lassen.

Bei der Erstellung eines Praxiswertgutachtens kann aus einer großen Anzahl von Gutachtern ausgewählt werden. In Betracht kommen dabei insbesondere Steuerberater, Wirtschaftsprüfer, vereidigte Buchprüfer sowie Betriebswirte und Kaufleute. Es sollte jedoch darauf geachtet werden, dass der Gutachter der Wahl über eine besondere Fachkunde im Bereich der Beratung von Heilberufen verfügt, sich im besten Fall sogar darauf spezialisiert hat, um so den Besonderheiten der Bewertung einer Zahnarztpraxis beziehungsweise eines Praxisanteils Rechnung tragen zu können.

Nicht unerwähnt bleiben soll hier auch, dass viele Kassenzahnärztliche Vereinigungen die Praxiswertermittlungen (in der Regel auf Basis der neue Ärztekammermethode) als kostenlose Serviceleistung für Ihre Mitglieder anbieten. Es kann sich daher bereits aus Kostengründen anbieten, sich auf diese Möglichkeit zu beschränken. Da die genannte Serviceleistung aber nur für Mitglieder, hier also den Praxisabgeber, angeboten wird, sollte der Praxisübernehmer, sofern gewünscht, den Praxisabgeber auf diese Möglichkeit aufmerksam machen und auf ein entsprechendes Gutachten hinwirken.

Ein möglichst objektives Bild erhält man aber aufgrund der Streuweite der Ergebnisse der verschiedenen Praxiswertermittlungsmethoden nur durch mehrere Berechnungen, vorzugsweise unter Heranziehung mehrerer Methoden, wobei dann selbstverständlich auch mehr oder weniger Kosten durch die Inanspruchnahme der Dienste vorgenannter Gutachter einkalkuliert werden müssen. Die Kosten trägt üblicherweise der Praxisabgeber, der schließlich einen möglichst hohen Kaufpreis durchsetzen möchte. Wie der Kaufpreis an sich, ist aber auch dies Verhandlungssache, insbesondere wenn der Praxisübernehmer den Praxisabgeber von einem niedrigeren Kaufpreis zu überzeugen versucht.

9.4 Kaufpreisfinanzierung

Grundsätzlich gibt es zwei Möglichkeiten der Kaufpreisfinanzierung. Die Eigenfinanzierung und die Fremdfinanzierung über eine Bank oder einen Dritten. Diese verschiedenen Finanzierungsformen sollen nachfolgend dargestellt werden.

9.4.1 Eigenfinanzierung

Die wohl für alle Beteiligten einfachste Finanzierung ist die aus eigenen Finanzmitteln. Hierbei ist das Hinzuziehen einer Bank oder Dritter nicht notwendig. Praxisabgeber und Praxisübernehmer einigen sich auf einen Kaufpreis und dieser wird zum Fälligkeitszeitpunkt komplett bezahlt.

9.4.2 Fremdfinanzierung

9.4.2.1 Grundlagen

■ **Markt und Marktfolge**

Die wohl regelmäßigste Form der Finanzierung ist die Fremdfinanzierung über einen Kapitalgeber. Kapitalgeber ist dabei regelmäßig eine Bank. Diese überprüft den Kauf insgesamt und trifft eine entsprechende positive oder negative Kreditentscheidung. Wichtig wäre hier noch zu erwähnen, dass die Kreditentscheidung niemals von dem Sachbearbeiter als Ansprechpartner getroffen wird. Hier gilt, von Bank zu Bank, etwas unterschiedlich gehandhabt, ein mehrstufiges Prinzip. Man spricht beim Sachbearbeiter vom Markt und von den dahinterstehenden Entscheidern von der Marktfolge. In der Regel ist es so, dass die Bank dem potentiellen Kreditnehmer ein Kreditangebot erst dann unterbreitet, wenn die Marktfolge dem Kreditantrag des Marktes (Kundenbetreu-

er) zugestimmt hat. Eine etwaige Kreditzusage des Sachbearbeiters ist daher mit äußerster Vorsicht zu genießen. Es gibt aber Banken, bei denen die Kundenbetreuer eine eigene (hohe) Kreditkompetenz haben. Grundsätzlich gilt aber, dass von einer Kreditzusage erst dann gesprochen werden kann, wenn die Marktfolge dem Kreditvertrag zustimmt. Aber diese Art der Finanzierung beinhaltet auch Risiken. Diese liegen darin, dass die Akteure, die professionell Geld verleihen, vor der Kreditvergabe immer die Werthaltigkeit des Kaufpreises beziehungsweise der Sicherheiten überprüfen und zudem den Kapitaldienst prüfen. Hierzu sind sie nicht nur berechtigt, sondern auch verpflichtet. Banken überprüfen daher die Richtigkeit des Kaufpreises, indem sie eine Unternehmensbewertung vornehmen. Sie prüfen, ob der Arzt aus dem Gewinn der Praxis die Finanzierungsraten bedienen kann und prüfen schließlich die Sicherheiten für den Fall, dass der Kredit nicht vereinbarungsgemäß zurückgeführt werden kann.

Eine fremdfinanzierte Praxisübernahme kann daher grundsätzlich ein Mehr an Sicherheit für den Erwerber bieten.

■ **Schufa/Selbstauskunft**

Bevor ein Kredit vergeben wird, wird regelmäßig die Bonität des Kunden durch die Bank überprüft. Hierfür gibt es verschiedene Möglichkeiten.

Schufa steht für Die Schutzgemeinschaft für allgemeine Kreditsicherung. Diese sammelt und speichert die finanziellen Daten all derer, die freiwillig daran teilnehmen. Es besteht somit keine Pflicht, sein Einverständnis zur Einholung einer Schufa-Auskunft zu geben. Sollte allerdings die finanzierende Bank mit der Schufa zusammenarbeiten, so würde die Zustimmung zur Selbstauskunft eine nicht verhandelbare Bedingung für die Bank darstellen. Neben der Schufa gibt es noch einige andere Stellen, die öffentlich zugänglichen Informationen sammeln und aufbereiten. Viele, auch die Schufa, nennen einen Scorewert für die Bonität. Solche Werte sind vorsichtig zu betrachten, da dahinter Statistiken und Wertungen der entsprechenden Stellen stehen, die nicht transparent sind und im Einzelfall die Bonität eines Kreditnehmers unbegründet abwerten.

Es gibt jedoch auch Banken, die nicht mit der Schufa zusammenarbeiten und ein eigenes System der Bonitätsüberprüfung haben. Regelmäßig arbeiten diese Banken mir entsprechenden Selbstauskünften ihrer Kunden. Das bedeutet, dass die Kunden eine entsprechend vorgefertigte Selbstauskunft der Bank selbst ausfüllen und mit ihrer Unterschrift für die Richtigkeit dieser Auskunft garantieren.

- **Rating/Zinsen**

Entsprechend den persönlichen und wirtschaftlichen Verhältnissen und Art und Umfang des zu finanzierenden Projektes wird der Kreditnehmer geratet. Dieses Rating nimmt jede finanzierende Bank vor, wobei es sich hierbei um eine Benotung des Kreditnehmers handelt. Beste Kreditwürdigkeit führt zu einer bestmöglichen Bewertung, wobei schlechteste Kreditwürdigkeit zur schlechtmöglichsten Bewertung führt. Wie die Benotung tatsächlich von den einzelnen Banken erfolgt,

wird regelmäßig geheim gehalten, um Manipulationsmöglichkeiten entgegenzuwirken. In Abhängigkeit von der Benotung erfolgt nicht nur die Kreditzu- und absage, auch die Höhe des jeweiligen Darlehenszinses hängt von der Benotung ab.

9.4.2.2 Kreditarten

Zum Schluss sollen hier die zwei häufigsten Kreditformen genannt werden. Es handelt sich um das Annuitätendarlehen und das Fälligkeitsdarlehen.

- **Annuitätendarlehen**

Beim Annuitätendarlehen zahlt der Darlehensnehmer eine feste monatliche Kreditrate. Da ein Teil der Rate auf die Zinsen und ein Teil auf die Tilgung der Darlehenssumme gezahlt wird, verringert sich der Darlehensbetrag monatlich, um schließlich am Ende der Finanzierung komplett zurückgeführt worden zu sein. Dies hat zur Folge, dass die Zinsbelastung von Jahr zu Jahr abnimmt und demgegenüber die Tilgung zunimmt. Die Konsequenz ist allerdings, dass man Planungssicherheit hat und genau berechnen kann, wann man den Kredit zurückgezahlt und sich entschuldet hat.

- **Beispiel**

Tilgungsplan

Monatliche Rate: 1887,12 EUR

Gesamtzinsen: 13.227,40 EUR

Monat	Tilgung	Zinsen	Restschuld
1	1470,46 EUR	416,67 EUR	98.529,54 EUR
2	1476,58 EUR	410,54 EUR	97.052,96 EUR
3	1482,74 EUR	404,39 EUR	95.570,22 EUR
~	~	~	~
58	1863,73 EUR	23,39 EUR	3750,79 EUR
59	1871,50 EUR	15,63 EUR	1879,29 EUR
60	1879,29 EUR	7,83 EUR	0,00 EUR

■ Fälligkeitsdarlehen

Beim Fälligkeitsdarlehen hingegen werden monatlich beziehungsweise jährlich nur Zinsen auf die Darlehenssumme bezahlt. Das eigentliche Darlehen wird nicht zurückgeführt. Ist der Fälligkeitszeitpunkt des Darlehens erreicht, muss der Kreditnehmer den ursprünglich erhaltenen Kredit in einer Summe zurückzahlen. Um dies allerdings überhaupt möglich zu machen, muss der Kreditnehmer entweder diese Summe als Kapital zum Zeitpunkt der Kreditvergabe vorrätig haben und als Sicherheit der Bank geben oder diese Kreditsumme in einer beliebigen Form ansparen. Diese Sparrate nennt man Tilgungssurrogat, da es die monatliche Tilgung ersetzt. Der Vorteil dieser Finanzierung liegt darin, dass mithilfe eines möglichst hohen Zinssatzes für die Kapitalanlage die erwirtschafteten Zinsen den Kredit schneller beziehungsweise leichter zurückführen und die zu zahlenden Schuldzinsen steuerlich geltend gemacht werden können.

Zwar können mit Geldanlagen hohe Zinsen erwirtschaftet werden. Es besteht jedoch immer die Gefahr, dass die Geldanlagen nicht die prognostizierten Gewinne erwirtschaften und zum Fälligkeitszeitpunkt nicht das erforderliche Kapital vorhanden ist, um das Darlehen abzulösen. Wenn die Darlehenslaufzeit beendet ist, muss der komplette Darlehensbetrag auf einen Schlag zurückgezahlt werden. Dies muss der Kreditnehmer stets einplanen und auch entsprechend vorbereiten, da eine Finanzierungslücke niemals völlig ausgeschlossen werden kann.

■ Beispiel

Tilgungsplan

Gesamtzinsen: 25.000,20 EUR

Monat	Tilgung	Zinsen	Restschuld
1	0,00 EUR	416,67 EUR	100.000,00 EUR
2	0,00 EUR	416,67 EUR	100.000,00 EUR
3	0,00 EUR	416,67 EUR	100.000,00 EUR
~	~	~	~
58	0,00 EUR	416,67 EUR	100.000,00 EUR
59	0,00 EUR	416,67 EUR	100.000,00 EUR
60	100.000,00 EUR	416,67 EUR	0,00 EUR

Organisationsformen

Inhaltsverzeichnis

© Springer-Verlag GmbH Deutschland, ein Teil von Springer Nature 2020
G. Bierling et al., *Zahnarztpraxis - erfolgreiche Übernahme und Gründung*, Erfolgskonzepte
Zahnarztpraxis & Management, https://doi.org/10.1007/978-3-662-57812-4_10

10.1 Was wird gekauft?

Elementar für die Planung der Organisation sowie den gesamten Ablauf der Praxis- oder Anteilsübernahme ist zu wissen, um welche Art der Niederlassung, vornehmlich um welche Organisationsform, es sich dabei handeln soll.

Der Praxisübernehmer steht vor der Frage, ob er eine bestehende Einzelpraxis übernehmen oder lieber zusammen mit anderen Zahnärzten seinen Beruf gemeinsam ausüben möchte; kurzgefasst, welche Praxis am besten zu ihm passt. Er muss sich die Frage stellen, ob er sich eher in einer Einzel- oder Gemeinschaftspraxis, einer Berufsausübungsgemeinschaft oder in einem Medizinischen Versorgungszentrum, möglicherweise von Investoren gegründet, wiederfindet. Er kann aber auch die Kooperation mit anderen Zahnärzten in verschiedenen rechtlichen Formen wählen. Ein weiteres Kriterium für die Wahl der richtigen Organisationsform kann auch sein, ob der Praxisübernehmer lieber in Voll- oder doch nur in Teilzeit praktizieren möchte. In letzterem Fall bietet es sich weniger an die Einzelpraxis zu übernehmen, als einen Anteil einer bestehenden Gemeinschaftspraxis oder Berufsausübungsgemeinschaft zu erwerben oder zunächst als angestellter Zahnarzt in einem Medizinischen Versorgungszentrum zu arbeiten.

Alle diese Faktoren hat der Praxisübernehmer im Vorfeld zu beachten und gründlich zu bedenken. Für welche Organisationsform er sich letztendlich entscheidet, sind verschiedene Vorgehensweisen anzuwenden, bis es zur erfolgreichen Praxisübernahme kommt.

10.2 Einzelpraxis

Die noch immer am häufigsten gewählte Organisationsform ist die der Einzelpraxis. Die Einzelpraxis ist als solche im Ganzen zu erwerben. Hier wird es dem Praxisübernehmer im Wesentlichen auf den sogenannten Goodwill, den Patientenstamm, ankommen und damit auf die dazugehörige Patientenkartei. Die Einzelpraxis ist vollständig auf die Person des Zahnarztes zugeschnitten; er ist sein eigener Herr, muss sich mit niemanden abstimmen, vermisst aber vielleicht auch hier und da den Rat eines gleich qualifizierten Kollegen.

10.3 Einkauf in eine Praxisgemeinschaft

Wie bereits ausgeführt, gibt es bei den Kooperationsformen unterschiedliche rechtliche Ausgestaltungen. Rechtlich unterscheiden sich die Organisationsformen einer Praxisgemeinschaft von denen einer Berufsausübungsgemeinschaft darin, ob die miteinander kooperierenden Zahnärzte jeweils für eigene Rechnung arbeiten, lediglich Praxiseinrichtung miteinander wirtschaftlich teilen (dann Praxisgemeinschaft) oder die Umsätze und Gewinne gemeinsam erwirtschaften und entsprechend den Regelungen im Gesellschaftsvertrag untereinander aufteilen (dann Berufsausübungsgemeinschaft). Im Rahmen einer Praxisgemeinschaft können sich auch Zahnärzte verschiedener Fachrichtungen zusammenschließen und dem Patienten ein breit aufgestelltes Angebot zahnärztlicher Behandlungen bieten.

Bei dieser Kooperationsform behält jeder Zahnarzt seine wirtschaftliche Eigenständigkeit, was bedeutet, dass jeder unter anderem seinen eigenen Patientenstamm betreut und getrennt von den oder dem anderen bei der Kassenzahnärztlichen Vereinigung abrechnet. Dasselbe gilt natürlich auch für die Honorare aus privatärztlichen Leistungen.

Indiz einer Praxisgemeinschaft ist also gerade nicht die gemeinschaftliche, sondern die getrennte Berufsausübung der Zahnärzte. Eine Praxisgemeinschaft kann somit auch als reine Kostenteilungsgemeinschaft bezeichnet werden. Die Kosten betreffen in der Regel Raumkosten, gegebenenfalls gemeinsam genutzte medizinische Einrichtungen und in Einzelfällen auch das Personal.

10.4 Gemeinschaftspraxis/Berufsausübungsgemeinschaft

Die Berufsausübungsgemeinschaft wählen Zahnärzte als Rechtsform, die ihren Beruf gemeinsam miteinander ausüben und die gemeinsam erwirtschafteten Gewinne auch untereinander – unter Berücksichtigung der Gewinnverteilungsregelung im Gesellschaftsvertrag – aufteilen. Sie zeichnet sich dadurch aus, dass auch die sämtlichen medizinischen und sonstigen Einrichtungen zum gemeinsamen Vermögen der Gesellschafter gehören.

Der Begriff der Berufsausübungsgemeinschaft ist geprägt durch vertragszahnärztliches Zulassungsrecht, das auf dem fünften Sozialgesetzbuch (SGB V) beruht. Es steht für eine Gemeinschaftspraxis, in der sich Vertragszahnärzte zu einer gemeinsamen Berufsausübung zusammengefunden haben. Im Grundsatz handelt es sich also um einen Zusammenschluss mehrerer Zahnärzte, die gemeinsam ihrer zahnärztlichen Tätigkeit nachgehen.

Gerade der gemeinsame Patientenstamm sowie die gemeinsame Abrechnung gegenüber der Kassenzahnärztlichen Vereinigung sind kennzeichnend für die Berufsausübungsgemeinschaft und unterscheiden diese von der Praxisgemeinschaft; die Rechtsform allerdings ist in beiden Fällen dieselbe, nämlich die der Gesellschaft bürgerlichen Rechts. Was die Gewinnverteilung betrifft, gelten allerdings auch für alle unternehmerische Risiken, d. h. auch die Teilnahme nicht nur am Gewinn, sondern auch am Verlust.

Wer also Gesellschafter einer Berufsausübungsgemeinschaft werden möchte, sollte sich in jedem Fall anwaltlicher Beratung bedienen. Denn gerade die Eintrittsmodalitäten und der in diesem Zusammenhang benötigte Gesellschaftsvertrag sind unter Berücksichtigung aller Interessen sorgfältig zu bedenken und zu formulieren; auch hier gilt, dass zumindest als Eintretender auf anwaltliche Beratung nicht verzichten sollte.

10.5 Medizinisches Versorgungszentrum

Beim Medizinischen Versorgungszentrum handelt es sich um eine fachübergreifende, zahnärztlich geleitete Einrichtung, in denen Zahnärzte, die in das Zahnarztregister eingetragen sind, als angestellte Zahnärzte oder als Vertragszahnärzte tätig sind. Medizinische Versorgungszentren wurden ursprünglich durch den Gesetzgeber nach dem Beispiel der Polikliniken der ehemaligen DDR geschaffen und sind als neue Form der Leistungserbringung durch das Versorgungsstärkungsgesetz (VSG) eingeführt worden, zunächst nur als „fachübergreifende" Einrichtungen.

Ziel war und ist die Bündelung unterschiedlicher Fachgebiete in einer einzigen Versorgungseinrichtung. Nachdem das Tatbestandsmerkmal „fachübergreifend" weggefallen ist, gibt es auch für Zahnärzte die Möglichkeit, ein Medizinisches Versorgungszentrum zu gründen oder als angestellter Zahnarzt in einem solchen tätig zu sein. Ein Medizinisches Versorgungszentrum kann sich allerdings nur dann am Markt behaupten, wenn einerseits in der Summe aller zahnärztlichen Mitarbeiter sowohl die Qualität der angebotenen medizinischen Leistungen geeignet ist, Patienten an sich zu binden. Andererseits muss sich auch ein wirtschaftlicher Erfolg eingestellt haben, der das Überleben des Medizinischen Versorgungszentrums am Markt sichert.

Berechtigte Gründer eines Medizinischen Versorgungszentrums sind Vertragszahnärzte, Krankenhäuser und nichtärztliche Dialyseerbringer. Krankenhäuser können nur in beschränktem Umfang zahnmedizinische Medizinische Versorgungszentren gründen, grundsätzlich darf nicht mehr als 10 Prozent der zahnärztlichen Versorgung durch krankenhausgetragene Medizinische Versorgungszentren erfolgen. Ist der Versorgungsgrad in einem Bezirk um bis zu 50 Prozent unterschritten, steigt diese Quote. Bei einer Unterschreitung von mehr als 50 Prozent steigt die Quote nochmals. Medizinische Versorgungszentren können nur in bestimmten Rechtsformen gegründet werden, d. h. in der Rechtsform einer Personengesellschaft, einer GmbH oder einer eingetragenen Genossenschaft. Für die Vertragszahnärzte kommen damit sowohl die Personengesellschaft als auch die GmbH als taugliche Rechtsform in Betracht.

In einem Medizinischen Versorgungszentrum können Zahnärzte sowohl freiberuflich als auch als Angestellte tätigt sein. Das Medizinische Versorgungszentrum ist damit ein eigener Leistungserbringer, welcher einem Vertragszahnarzt gleichsteht. Hierdurch können Vertragszahnärzte auf ihre Zulassung verzichten, um sich am Medizinischen Versorgungszentrum anstellen zu lassen.

Ein Vertragszahnarzt darf drei Zahnärzte anstellen, vier, wenn er dem Zulassungsaus-schuss nachweist, dass er die Praxis persönlich führt. Diese Begrenzung gilt für Medizinische Versorgungszentren nicht. Dort wird die persönliche Leitung der Praxis durch die Stellung des ärztlichen Leiters gewährleistet.

Medizinischen Versorgungszentren wurden ursprünglich vor allem durch Krankenhäuser gegründet, mittlerweile aber auch in erheblichem Maße durch Vertragszahnärzte oder Investoren.

Durch Gesetzesänderungen in den vergangenen Jahren wurden die Medizinischen Versorgungszentren und Berufsausübungsgemeinschaften immer weiter angenähert, sodass heute die Gründung eines Medizinischen Versorgungszentrums der Gründung einer örtlichen Berufsausübungsgemeinschaft gleichkommt.

10

Kaufvertrag

Inhaltsverzeichnis

© Springer-Verlag GmbH Deutschland, ein Teil von Springer Nature 2020
G. Bierling et al., *Zahnarztpraxis - erfolgreiche Übernahme und Gründung*, Erfolgskonzepte
Zahnarztpraxis & Management, https://doi.org/10.1007/978-3-662-57812-4_11

11.1 Grundsätzliches

Nachfolgend werden die wichtigsten Inhalte dargestellt, die in keinem Vertrag über den Erwerb einer Praxis fehlen sollten.

Geregelt werden kann neben den rechtlich erforderlichen oder sinnvollen Punkten grundsätzlich alles, was den Parteien wichtig erscheint. Es kommt somit immer auf den jeweiligen Einzelfall an.

Denkbar ist neben einem reinen Kaufvertrag aber eine, gegebenenfalls auch teilweise, Schenkung. Bei der (teilweisen) Schenkung ist zusätzlich auf die Form der notariellen Beurkundung zu achten, da der geschlossene Vertrag ansonsten formunwirksam und damit nichtig, also „ungültig" wäre. Dasselbe gilt für den Fall, dass sich die Praxisimmobilie im Eigentum des Praxisabgebers befindet und diese mitverkauft werden soll: Auch hier ist eine notarielle Beurkundung erforderlich.

Auf die Darstellung von Musterklauseln oder gar eines Mustervertrages wird bewusst verzichtet. Ein solches Muster führt erfahrungsgemäß regelmäßig eher zur Entstehung von Konflikten, als es zu deren Beilegung beitragen kann. Keine Praxis, kein Praxisabgeber und kein Praxisübernehmer gleicht dem anderen. Es handelt sich immer um einen individuellen Einzelfall, der individuell gehandhabt werden muss. Auch sollte man sich davor hüten zu glauben, dass man mit der Verwendung eines Mustervertrages Geld sparen könnte. Auch dies ist regelmäßig nicht der Fall, da eine notwendige individuelle Anpassung mit einem erheblichen Mehraufwand verbunden ist und die Nichtanpassung zu erheblichen Folgekosten führen kann und oftmals sogar den Gesamterfolg der Praxisübernahme gefährdet.

In jedem Fall können und müssen daher zusätzliche und auf den Einzelfall angepasste Regelungen in den Vertrag eingearbeitet werden. Es gibt kaum Fälle, in denen zu viel, dafür aber viele Fälle, in denen zu wenig geregelt worden ist. Aus Praktikabilitätsgründen können, beispielsweise in Form einer Zusatzvereinbarung zum Vertrag, später immer noch abweichende Regelungen getroffen werden. Im Zweifels- und damit gerade im hoffentlich nie eintretenden Streitfalle sollten möglichst eindeutige Regelungen vorhanden sein, an denen man sich orientieren kann. Verträge müssen sich gerade daran messen lassen, dass sie im Streitfalle eine einwandfreie Abwicklung der Praxisübergabe ermöglichen.

Der von einem auf Medizinrecht spezialisierten Juristen entworfene Vertrag sollte in jedem Fall von einem Vertreter der steuerberatenden Berufe hinsichtlich steuerlicher Problemstellungen und für den Praxisübernehmer steuerlich und damit wirtschaftlich nachteiliger Regelungen überprüft werden. Es ist nämlich oft so, dass Regelungen zwar rechtlich völlig unproblematisch sind, steuerlich für den Praxisabgeber oder den Praxisübernehmer aber nachteilig.

Schließlich ist noch darauf hinzuweisen, dass die Parteien grundsätzlich die wechselseitige Verpflichtung haben, zum Gelingen des Vertrages beizutragen. Die Parteien müssen sich demnach gegenseitig unterstützen und unter Umständen sogar bei bestimmten Angelegenheiten, wie die Beschaffung bestimmter benötigter Unterlagen, aktiv mitwirken.

11.2 Zu regelnde Aspekte

11.2.1 Praxissitz

Da die Zulassungsbeschränkungen für Zahnärzte weggefallen sind, hat die Übernahme des Praxissitzes eines in den Ruhestand tretenden Zahnarztes keine wirtschaftliche Bedeutung mehr.

Zu einem früher häufig anzutreffenden Vorurteil vorweg: Gekauft wird nicht die vertragszahnärztliche Zulassung beziehungsweise der Vertragszahnarztsitz. Ein hierauf gerichteter Vertrag wäre nichtig. Wer behauptet, einen „Sitz" zu kaufen oder gekauft zu haben, drückt sich daher in rechtlicher Hinsicht im besten Falle ungenau aus.

Inhalt der Genehmigung des Zulassungsausschusses ist der Praxissitz am konkreten Standort mit der genauen Adresse bis hin zu dem genauen Stockwerk, in dem sich die Praxis befindet.

11.2.2 Praxisausstattung

Die Zahnarztpraxis umfasst die Gesamtheit all dessen, was die gegenständliche und personelle Grundlage der Tätigkeit des in freier Praxis tätigen Zahnarztes bei der Ausübung der ihm obliegenden Aufgaben bildet.

Zu dieser „Gesamtheit" gehören die materiellen und immateriellen Werte der Praxis. Wie eingangs erwähnt gehören zu den materiellen Werten die Praxiseinrichtungsgegenstände, Sprechstundenbedarf und technische beziehungsweise zahnmedizinische Geräte. Zu den immateriellen Werten gehört im Wesentlichen der Patientenstamm, der zunächst die Grundlage für die in der Zukunft erzielbaren Umsätze schafft. Man spricht insoweit gerne vom sogenannten Goodwill.

Um Zweifel oder Unstimmigkeiten zu vermeiden, sollten die Gegenstände, die von der Praxisübernahme mitumfasst sein sollen, in einem Inventarverzeichnis als Anlage zum Praxisübernahme-Vertrag festgehalten werden.

Bei der Inventarliste sollte darauf geachtet werden, dass nicht einfach die zu steuerlichen Zwecken erstellten Listen oder Verzeichnisse, wie zum Beispiel das Abschreibungsverzeichnis, übernommen werden. Diese können nämlich Gegenstände enthalten, die zwar in steuerlicher, nicht aber in rechtlicher Hinsicht der Praxis zuzuordnen sind. So sollen zum Beispiel in der Regel nicht die beruflich genutzten Fahrzeuge des Praxisabgebers, die sich zwar im steuerlichen (Sonder-) Betriebsvermögen der Praxis befinden mögen, in rechtlicher Hinsicht aber im Privateigentum des Praxisabgebers stehen, mitübereignet werden. Zudem gibt es bei Gemeinschaftspraxen oft weitere Gegenstände, wie zum Beispiel häufig die Praxisräumlichkeiten, die sich rechtlich im Eigentum nur eines Gesellschafters befinden, der sie

der Berufsausübungsgemeinschaft lediglich unentgeltlich zur Nutzung überlässt, die sich aber in steuerlicher Hinsicht im Sonderbetriebsvermögen des Gesellschafters und damit nur indirekt im Vermögen der Gesellschaft befinden. Außerdem fehlen in den Listen und Verzeichnissen oftmals Gegenstände, da sie bereits steuerlich abgeschrieben sind. Diese Gegenstände sind aber regelmäßig nicht wertlos. Im Gegenteil: sie haben einen gewissen Restwert und dürften, wie zum Beispiel der Praxiscomputer, der seit Jahren einwandfreie Dienste leistet, unverzichtbarer Bestandteil der Praxisorganisation sein.

Sollen die Praxisräumlichkeiten mitübereignet werden, ist darüber hinaus auch die notarielle Beurkundungspflicht für den Praxisübernahme-Vertrag zu beachten. Es bietet sich daher schon allein aus Kostengründen an, für beide Kaufgegenstände, Praxis und Praxisräumlichkeiten, getrennte Vertragsurkunden zu erstellen, damit nur der Kaufvertrag für die Praxisräumlichkeiten beurkundet werden muss. Dann ist jedoch darauf zu achten, dass beide Verträge aufeinander abgestimmt und gegebenenfalls mit einer entsprechenden Bedingung versehen sind.

Umgekehrt können aber auch bestimmte Gegenstände explizit von der Praxisübernahme ausgeschlossen werden, beispielsweise persönliche Gegenstände wie Gemälde oder Gegenstände des täglichen Gebrauchs des Praxisabgebers.

Im Ergebnis sollte klar vereinbart werden, was genau verkauft wird. Nicht zu vergessen ist daher auch eine Regelung bezüglich der Vorräte einer Praxis, am besten wiederum in der Inventarliste, die üblicherweise im Anlagenverzeichnis aufgeführt sind. Dies gilt umso mehr, wenn es sich bei den Vorräten nicht nur um den üblichen Sprechstundenbedarf des täglichen Gebrauchs wie Watteröllchen oder Zahnseide handelt, sondern unter Umständen um Gegenstände nicht unerhebliche Werte.

In seltenen Fällen stehen einzelne Gegenstände nicht im Eigentum des Praxisabgebers, weil sie beispielsweise sicherungsübereignet (quasi verpfändet) sind, zum Beispiel an eine Bank oder einen anderen Gläubiger. Für den Praxisübernehmer ist es deshalb erforderlich, in den Praxiskaufvertrag eine Zusicherung aufnehmen zu lassen, dass das Eigentum am Praxisinventar beim Praxisinhaber liegt.

11.2.3 Patientenstamm/ Patientenkarte

Übernommen wird auch der Goodwill der zu übernehmenden Praxis. Der Goodwill beschreibt, wie zuvor erwähnt, im Gegensatz zu den materiellen Gegenständen einer Praxis den immateriellen beziehungsweise ideellen Wert einer Praxis. Man könnte ihn genauer beschreiben als „wirtschaftlichen Wert in Gestalt der dem Praxisübernehmer eingeräumten Chance, den Patientenstamm der Praxis zu übernehmen, weiter zu behandeln und die Praxis gegebenenfalls weiter ausbauen zu können".

Die Patientenkartei samt Krankenunterlagen und Dokumentation von Befunden, ob in Papier- oder elektronischer Form, ist für beide Parteien selbstverständlich von besonderer Bedeutung. Auch diese wird grundsätzlich mitverkauft und mitübereignet, allerdings unter dem Vorbehalt der Einwilligung des jeweiligen Patienten an der Übereignung seiner Kartei. Denn der Inhalt der Patientenunterlagen unterliegt dem grundgesetzlich geschützten Recht des jeweiligen Patienten auf informationelle Selbstbestimmung. Gegen den Willen des Patienten darf der Inhalt der Patientenakte keinem Dritten, auch nicht dem Käufer, bekannt gegeben werden. Das Recht des Patienten wird darüber hinaus auch durch die berufliche Schweigepflicht des Praxisabgebers geschützt. Verstößt der Praxisabgeber hiergegen, verhält er sich nicht nur standeswidrig im Sinne der jeweils gültigen Berufsordnung, sondern macht sich darüber hinaus auch nach dem Strafgesetzbuch strafbar. Der Praxisübernehmer darf in die Patientenunterlagen eines Patienten daher erst und auch nur

dann Einsicht nehmen, wenn der betreffende Patient ausdrücklich oder durch schlüssiges Verhalten, zum Beispiel durch Erscheinen in der Praxis nach Übergabe an den Praxisübernehmer um sich von diesem weiterbehandeln zu lassen, zu erkennen gegeben hat, dass er mit der Einsichtnahme in seine Akte gerade durch den Praxisübernehmer auch einverstanden ist. Dies gilt nur dann nicht, wenn der Praxisübernehmer bereits zuvor in der Praxis des Praxisabgebers, beispielsweise als angestellter Zahnarzt oder Weiterbildungsassistent, gearbeitet hat, weil dann zuvor schon die Einwilligung des Patienten eingeholt worden sein muss und zwar idealerweise auf die vorgeschilderte Art und Weise. Der Praxisabgeber hat damit Sorge zu tragen, dass sich der Praxisübernehmer erst dann vom Inhalt der Patientenunterlagen Kenntnis verschaffen kann, wenn die (vorherige) Einwilligung des jeweiligen Patienten in die Einsichtnahme und/oder eine entsprechende Entbindung von der Schweigepflicht vorliegt. Aus Datenschutzgründen und im eigenen Interesse zu Beweiszwecken empfiehlt es sich, sich eine entsprechende Schweigepflichtentbindungserklärung und/oder Einwilligung des Patienten schriftlich geben zu lassen.

Ein Praxisübernahme-Vertrag muss daher zwingend eine Regelung zum Umgang mit den Patientendaten enthalten, um nicht wegen Verstoßes gegen straf- und zivilrechtliche Vorschriften nichtig zu sein. Hierauf haben insbesondere auch die Zulassungsausschüsse ein besonderes Augenmerk.

In der Praxis hat sich insoweit die Verwendung des sogenannten „Zwei-Schrank-Modells" entsprechend den sogenannten Münchener Empfehlungen zur Wahrung der ärztlichen Schweigepflicht bewährt.

Danach sind die Unterlagen der Patienten des Praxisübergebers, die der Übergabe an den Praxisübernehmer (noch) nicht zugestimmt haben, für den Praxisübernehmer verschlossen und getrennt von den Patientenunterlagen des Praxisübernehmers beziehungsweise den Patientenunterlagen der Patienten, die in die Einsichtnahme ihrer Daten schon zugestimmt haben, aufzubewahren. Bei einer elektronischen Patientenkartei gilt dies entsprechend, wobei hier besondere technische Vorkehrungen, beispielsweise die Sperrung mittels Passwörtern etc., getroffen werden müssen, um ein ähnliches Schutzniveau der Daten gewährleisten zu können. Erst nachdem ein Patient also zugestimmt hat, dürfen dessen Patientenunterlagen von dem einen (gegebenenfalls gedachten) Schrank des Praxisabgebers in den Schrank des Praxisübernehmers überführt werden.

Bis zur Einwilligung des Patienten in die Einsichtnahme durch den Praxisübernehmer verbleiben die Unterlagen im Eigentum des Praxisabgebers. Dieser hat dann entweder selbst für die Aufbewahrung im Rahmen der standesrechtlichen und/oder spezialgesetzlichen Vorschriften (zum Beispiel bei Röntgen- oder CT/MRT- Aufnahmen gemäß den einschlägigen Verordnungen) zu sorgen oder er muss diese Verpflichtung an einen Dritten, wie zum Beispiel den Praxisübernehmer, im Rahmen eines in der Regel unentgeltlichen Verwahrungsvertrags übertragen.

Die Pflichten des Praxisabgebers gehen sogar so weit, dass aus dessen Sicht in den Praxisübernahme-Vertrag die Bestätigung des Praxisübernehmers mit aufgenommen werden sollte, dass dieser auf sein entsprechendes Weisungsrecht gegenüber seinem Personal zu verzichten (damit er nicht sein Personal anweisen kann, die „verbotene" Patientenkartei zu durchsuchen) und am besten ein(e) bestimmte(r) Mitarbeiter/in beziehungsweise ein(e) Vertreter(in) mit der Überwachung und Koordination der Patientenunterlagen zu beauftragen hat.

Enthält der Kaufvertrag zu dem Umgang mit den Patientendaten keine Regelung oder eine Regelung, die die vorgenannten Grundsätze nicht hinreichend beachtet, ist der Kaufvertrag nichtig. Für den Praxisübernehmer hat das den unangenehmen Effekt, dass er die Mitwirkung des Praxisabgebers zur Übertragung der Praxis nicht verlangen kann. Der Praxisabgeber ist durch den nichtigen Kaufvertrag nicht daran gehindert, die Praxis an einen besser zahlenden Praxisübernehmer zu übergeben. Ebenso wenig muss der Praxisabgeber dem Praxisübernehmer Schadensersatz leisten, wenn er sich nicht vertragstreu verhält. Der Praxisübernehmer ist gut beraten, auf eine wirksame Klausel zur Beachtung des Patientengeheimnisses zu achten.

Ausdrücklich klargestellt werden muss aus Sicht des Praktikers in diesem Zusammenhang, dass natur- und erfahrungsgemäß keine Garantie dafür übernommen werden kann, dass alle oder ein bestimmter Prozentsatz von Patienten durch den Praxisübernehmer übernommen werden oder bestimmte Gewinn- oder Umsatzzahlen nach dem Übernahmezeitpunkt erreicht werden können. Eine solche Erwartung würde im Übrigen auch bereits der oben genannten Definition des Goodwills widersprechen. Letzten Endes entscheidet nämlich jeder Patient selbst, ob er vom Praxisübernehmer weiterbehandelt werden möchte oder eben nicht. Eine Garantie hierfür kann aber neben den gesetzlichen Gewährleistungsrechten ausdrücklich vereinbart werden und steht selbständig neben diesen. Die Haftung hierfür wäre dann verschuldensunabhängig, das heißt es kommt nicht darauf an, ob oder wer schuld (Vorsatz oder Fahrlässigkeit) an einem Schaden hat. Wie alle Punkte eines Vertrages ist auch die Übernahme einer Garantie Verhandlungssache. Wenn der Praxisabgeber sich zumindest bei einem gewissen Prozentsatz der Patienten sicher ist, dass diese sich durch den Praxisübernehmer weiterbehandeln lassen, steht auch der Übernahme einer entsprechenden Garantie durch den Praxisabgeber nichts im Wege. Sollte sich der Praxisabgeber auf die Übernahme einer Garantie einlassen, muss er sich grundsätzlich auch daran festhalten lassen.

In jedem Fall sollte eine Klausel in den Vertrag aufgenommen werden, die den Praxisabgeber verpflichtet, die Praxis engagiert bis zum Übergabetag weiterzuführen, die Sprechstundenzeiten nicht zu verringern und soweit möglich den Patientenstamm zu erhalten.

11.2.4   Bestehende Verträge

Bei dem Kauf einer Zahnarztpraxis handelt es sich um einen Unternehmenskauf. Trotzdem gehen die Vertragsverhältnisse, die der Praxisabgeber geschlossen hat, nicht automatisch auf den Praxisübernehmer über. Vielmehr müssen sich zunächst der Praxisabgeber und der Praxisübernehmer darüber klarwerden, in welche Vertragsbeziehungen der Praxisübernehmer eintreten möchte und in welche gerade nicht. Ein gut organisierter Praxisabgeber verfügt über eine vollständige Liste aller Verträge. Sofern der Praxisübernehmer überlegt, in diese einzutreten, kann er von dem Praxisabgeber die Herausgabe von Kopien der Vertragsurkunden verlangen. Möchte der Praxisübernehmer in Verträge eintreten, muss er sich mit den Vertragspartnern des Praxisabgebers über den Übergang des Vertrages verständigen. Ausnahmen gelten nur für Arbeitsverträge. Die Vertragsbeziehungen, in die der Praxisübernehmer nicht eintreten möchte, muss der Praxisabgeber rechtzeitig kündigen.

Für den unwahrscheinlichen Fall, dass einer der Vertragspartner des Praxisabgebers keinen Vertrag mit dem Praxisübernehmer schließen möchte, kann in dem Praxiskaufvertrag vereinbart werden, dass der Praxisabgeber Vertragspartner bleibt und der Praxisübernehmer die Kosten des Vertrages trägt. Die Formulierung im Praxiskaufvertrag lautet dann zum Beispiel: „Im Innenverhältnis stellt der Praxisübernehmer den Praxisabgeber von der Verpflichtung aus dem Vertrag frei.".

11.2.4.1   Mietverträge

Für die Zulassung als Vertragszahnarzt muss der Praxisübernehmer geeignete Praxisräume haben. Es ist verboten, die Kassenpraxis „im Umherziehen" zu betreiben. Daher ist der Praxisübernehmer häufig darauf angewiesen, in das Praxismietverhältnis des Praxisabgebers eintreten zu können. Jedenfalls empfiehlt sich dies in der Regel, um eine reibungslose Praxisübernahme durchführen zu können. Oft verlangen auch die den Kaufpreis finanzierenden Banken einen Nachweis über die Standortsicherung.

Da das Vorhalten von Praxisräumen für den Praxisübernehmer von erheblicher Bedeutung ist, empfiehlt es sich, für den Fall des Scheiterns der Mietvertragsverhandlungen ein Rücktrittsrecht in den Kaufvertrag aufzunehmen. Ebenso sollte in den Mietvertrag ein Rücktrittsrecht oder ein Sonderkündigungsrecht für den Fall aufgenommen werden, dass der Praxisübernehmer nicht zur vertragszahnärztlichen Versorgung zugelassen wird.

11.2.4.2   Arbeitsverträge
- **Arbeitsrechtliche Besonderheiten**

Ob vertraglich vereinbart oder nicht, der Praxisübernehmer tritt unabhängig von dessen Willen (und unter Umständen Wissen) quasi automatisch in die Arbeitsverhältnisse des Praxisabgebers mit seinem Praxispersonal ein, sofern der entsprechende Arbeitnehmer dem nicht ausdrücklich widerspricht. Man spricht dabei vom sogenannten Betriebsübergang. Einer ausdrücklichen Regelung der Vertragsübernahme wie bei allen anderen Vertragsverhältnissen bedarf es daher nicht. Demgegenüber sollten explizite Regelungen über das „Wie" des Betriebsübergangs in den Übergabevertrag aufgenommen werden, um so für einen möglichst angenehmen und reibungslosen Arbeitgeberwechsel für alle Beteiligte zu sorgen. Eine frühzeitige und explizite Regelung wird des Weiteren auch den Interessen der Beteiligten gerecht, welche dadurch in der Lage sind, rechtzeitig Vorsorgemaßnahmen treffen zu können.

- **Rechtslage**

Bei jeder Form der Praxisveräußerung stellt sich sowohl für denjenigen, der die Praxis übergibt, als auch für denjenigen, der eine solche übernimmt, die Frage, welche Konsequenzen sich daraus für die Mitarbeiter und ihre Arbeitsverhältnisse ergeben. Die Rechtsfolgen sind vielfältig und erfordern größte Umsicht und Sorgfalt.

Wird die Einzelpraxis von dem Praxisübernehmer fortgeführt, haben wir es mit einem sogenannten Betriebsübergang zu tun. Er bewirkt, dass alle bisherigen Mitarbeiter des Praxisabgebers mit ihren Arbeitsverhältnissen beziehungsweise Arbeitsverträgen beim Praxisübernehmer der Praxis ihre Arbeitsverhältnisse fortsetzen, ohne dass die jeweiligen Arbeitsverträge – etwa aus Anlass des Übergangs und zumindest für die Dauer eines Jahres – verändert werden dürfen.

Gleiches gilt bei dem Eintritt in eine Berufsausübungsgemeinschaft dann nicht, wenn die Gesellschaft fortbesteht und nur ein Gesellschafter wechselt. Denn der Arbeitgeber ist die Gesellschaft, nicht aber die einzelnen Gesellschafter. Ein Betriebsübergang im arbeitsrechtlichen Sinne ist dann nicht gegeben.

Auch beim Eintritt in eine Praxisgemeinschaft liegt kein Betriebsübergang vor, wenn nur ein Gesellschafter wechselt, die Gesellschaft an sich aber nicht aufgelöst wird.

■ **Unterrichtungspflichten**

Vor dem Betriebsübergang, also dem Tag der Praxisübergabe, haben entweder der Praxisabgeber oder der Praxisübernehmer die betroffenen Arbeitnehmer „in Textform" zu unterrichten über

- den Zeitpunkt oder den geplanten Zeitpunkt des (Betriebs-)Übergangs,
- den Grund für den Übergang,
- die rechtlichen, wirtschaftlichen und sozialen Folgen des Übergangs für die Arbeitnehmer und
- die hinsichtlich der Arbeitnehmer in Aussicht genommenen Maßnahmen.

In der Praxis empfiehlt sich eine gemeinsame, das heißt von beiden Parteien, unterzeichnete Unterrichtung. Da auch die rechtlichen Folgen des Betriebsübergangs darzustellen sind, müssen die Mitarbeiter darüber informiert werden, dass sie dem Übergang der Arbeitsverhältnisse auf den Praxisübernehmer auch innerhalb eines Monats ab Unterrichtung des Übergangs ihres Arbeitsverhältnisses auf den neuen Praxisinhaber widersprechen können.

Für alle Beteiligten ist es wichtig zu wissen, dass nur eine vollständige und umfassende Unterrichtung die Frist von einem Monat in

Gang setzt, innerhalb der sich die Mitarbeiter des Praxisübernehmers darüber klarwerden müssen, ob sie dem Betriebsübergang auf den Praxisübernehmer widersprechen wollen oder nicht. Erst nach Ablauf dieses Monats kann sich der Praxisübernehmer – zumindest für die Dauer von Kündigungsfristen – sicher sein, dass er ein mit dem Patientenstamm der erworbenen Praxis vertrautes Team übernehmen kann oder eben nicht. Allerdings kommt es in der Praxis so gut wie gar nicht vor, dass einzelne Mitarbeiter dem Betriebsübergang widersprechen oder gar ein kollektiver Widerspruch durch alle oder die Mehrzahl der Mitarbeiter erfolgt. Der Grund dafür ist, dass der Praxisabgeber naturgemäß einem widersprechenden Arbeitnehmer keinen Arbeitsplatz (mehr) anbieten kann, ebenso wenig wie eine Praxisgemeinschaft beziehungsweise eine Berufsausübungsgemeinschaft, die in ihrer ursprünglichen Zusammensetzung aufhört zu existieren. Denn nur der neue Praxisinhaber oder die neu gegründete Gesellschaft verfügt ab Betriebsübergang über reale Beschäftigungsmöglichkeiten. Sollten allerdings einzelne oder gar das gesamte Praxisteam dem Betriebsübergang auf den Praxisübernehmer widersprechen, ergibt sich folgende Rechtsfolge:

Die Arbeitsverhältnisse zwischen dem Praxisabgeber und seinen bisherigen Mitarbeitern bestehen so lange fort, wie die Arbeitsverhältnisse nicht wirksam gekündigt sind oder zwischen dem abgebenden Zahnarzt und seinen Mitarbeitern eine Aufhebungsvereinbarung geschlossen worden ist. Der Praxisübernehmer sieht sich umgehend vor das Problem gestellt, nur mit den Mitarbeitern weiter arbeiten zu können, welche dem Betriebsübergang auf ihn, als neuen Arbeitgeber, nicht widersprochen haben.

Aber wie genau kommen Praxisabgeber und Praxisübernehmer nun aus diesem Dilemma?

In einem solchen Fall empfiehlt es sich, dass sich beide Parteien untereinander verständigen und wie folgt vorgehen:

Der seine Einzelpraxis abgebende Zahnarzt oder die Gesellschaft in der bisherigen Zusammensetzung kündigt die mit den widersprechenden Arbeitnehmern bestehenden Arbeitsverhältnisse zum nächst möglichen Termin, was immerhin bei langjährig Beschäftigten unter Geltung der gesetzlichen Kündigungsfristen eine bis zu 7-monatige Kündigungsfrist bedeuten kann. Für die Dauer der Kündigungsfrist sind die widersprechenden Mitarbeiter vom Praxisabgeber zu vergüten, obwohl er sie nicht mehr beschäftigen kann, da nur der Praxisübernehmer eine Beschäftigungsmöglichkeit anbieten kann.

Und genau dieses Angebot, dem widersprechenden Arbeitnehmer bei dem neuen Arbeitgeber eine Beschäftigungsmöglichkeit – zumindest für die Dauer der jeweiligen Kündigungsfrist – anzubieten, sollten Praxisabgeber und Praxisübernehmer schriftlich vereinbaren. Nehmen die widersprechenden Arbeitnehmer dieses Beschäftigungsangebot nicht an, so verlieren sie ihren Anspruch auf Vergütung. Denn sie müssen sich das anrechnen lassen, was sie während des Annahmeverzugs des Praxisabgebers zu erwerben „böswillig" unterlassen. Im Ergebnis werden sie wohl oder übel das – wenn auch nur für die Dauer der Kündigungsfrist – geltende Beschäftigungsangebot des Praxisübernehmers annehmen oder sich eine andere Beschäftigungsmöglichkeit suchen. In jedem Falle aber ist der Praxisabgeber auf diese Weise vor finanziellen Nachteilen geschützt, die ihm sonst aus dem bei ihm zunächst verbleibenden Arbeitsverhältnis beziehungsweise Arbeitsverhältnissen anderenfalls ohne die beschriebene Vereinbarung mit dem Praxisübernehmer erwachsen könnten. In dem Praxisübergabevertrag (beziehungsweise Abtretungsvertrag im Falle einer Berufsausübungsgemeinschaft) zwischen dem Praxisabgeber und dem Praxisübernehmer sollte der immerhin nicht nur theoretische Fall eines widersprechenden Arbeitnehmers klar geregelt sein, wie etwa die Abwicklungskosten eines solchen Arbeitsverhältnisses unter den betroffenen Zahnärzten, dem Abgebenden, dem Praxisabgeber und dem Praxisübernehmer, bis hin zu den Kosten eines in diesem Zusammenhang möglichen Rechtsstreits vor den Arbeitsgerichten, verteilt werden sollen.

■ Absicherung

Sowohl der Praxisabgeber in seiner Eigenschaft als bisherige Arbeitgeber, als auch der Praxisübernehmer als neuer Arbeitgeber, haften für Verpflichtungen aus den übergegangenen Arbeitsverhältnissen gesamtschuldnerisch für alle rückständigen Verbindlichkeiten, soweit sie in dem Jahr vor dem Betriebsübergang entstanden sind. Was rückständige finanzielle Forderungen von Mitarbeitern angeht, so ist in vielen Arbeitsverträgen des Praxispersonals allein über die bloße Bezugnahme auf geltende Tarifverträge geregelt, dass die Mitarbeiter 12 Monate Zeit haben, rückständige Ansprüche geltend zu machen. Es dürfte ein Gebot der Fairness sein, den Praxisübernehmer über derartige Verbindlichkeiten, namentlich noch offene Urlaubsansprüche, soweit sie nicht vor dem Betriebsübergang vom Praxisabgeber erfüllt sind, offenzulegen. Sorgfältig gestaltete Praxisübergabeverträge enthalten ohnehin entsprechende Regelungen, auch über den tatsächlichen Personalstand, der sich gerade aufgrund von in Anspruch genommener Elternzeit oder bei aus anderen Gründen ruhenden Arbeitsverhältnissen nicht zuverlässig aus den Lohnabrechnungen ablesen lässt. Darin sollten über die nicht ohne weiteres sichtbaren, rechtlich aber nach wie vor bestehenden, Arbeitsverhältnisse Auskunft gegeben werden.

■ Kündigung und Beendigung von Arbeitsverhältnissen vor Betriebsübergang

Es kann sich im Laufe der Vertragsverhandlungen ergeben, dass der Praxisübernehmer beziehungsweise die übernehmende Gesellschaft mit weniger Personal auszukommen beabsichtigt, als der Praxisabgeber gegenwärtig beschäftigt. In diesem Fall kann sich der Praxisabgeber mit der Forderung konfrontiert sehen, er möge – oft auf seine Kosten – die Arbeitsverhältnisse für einzelne oder eine bestimmte Anzahl der Mitarbeiter vor Betriebsübergang beenden. Dabei stellt sich zunächst die Frage, wer diese Kosten zu tragen hat beziehungsweise in welcher Form sie letztendlich auch im Kaufpreis der Praxis ihren Niederschlag finden. Grundsätzlich ist es der Praxisabgeber, der es in der Vergangenheit versäumt hat, den Personalbestand den Notwendigkeiten anzupassen. Im Rahmen der Verhandlungen über die Praxisübernahme soll über den Umgang mit dem Personalüberhang offen gesprochen und eine für beide Beteiligten andere Lösung gefunden werden.

11.2.4.3 Leasingverträge

Für die Übernahme von Leasingverträgen gilt das oben gesagte entsprechend. Diese Verträge können nur mit Zustimmung des Leasingunternehmens auf den Praxisübernehmer übertragen werden. Der Leasinggeber wird dabei eine Bonitätsprüfung des Praxisübernehmers vornehmen, vergleichbar der Bonitätsprüfung wie sie eine Bank vornimmt, wenn sie ein Praxiskaufpreis finanziert. Daher empfiehlt es sich, rechtzeitig vor dem Stichtag der Praxisübergabe mit dem Leasingunternehmen Kontakt aufzunehmen.

11.2.4.4 Sonstige Verträge

Neben den exemplarisch genannten Verträgen gibt es noch eine Vielzahl an weiteren Verträgen, welche der Praxisabgeber eingegangen ist und die der Praxisübernehmer für den sinnvollen Betrieb seiner Praxis braucht. Dazu gehören beispielsweise Telekommunikationsverträge, EDV-Wartungsverträge, Verträge mit einer Marketingagentur zum Vorhalten einer modernen Website und vieles mehr. Für all diese Vertragsverhältnisse gilt, dass der Praxisübernehmer sich rechtzeitig einen Überblick verschaffen muss und mit allen Vertragspartnern Verhandlungen aufnehmen sollte.

11.2.5 Überleitende Mitarbeit

Zur vorläufigen weiteren Bindung des Patientenstammes kann es durchaus sinnvoll sein, wenn der Praxisabgeber dem Praxisübernehmer zumindest für einen gewissen Zeitraum und – auch wenn vielleicht nur an bestimmten Tagen – zur Seite steht und sich gegebenenfalls auch als angestellter Zahnarzt weiter vornehmlich um die Privatpatienten kümmert. Auf diese Weise kann am ehesten erreicht werden, dem Praxisübernehmer den besonders wertvollen Teil des Patientenstammes zu erhalten. Es ist in solchen Fällen dringend zu empfehlen, zusammen mit dem Praxisübergabe- beziehungsweise Kaufvertrag auch einen Arbeitsvertrag zwischen dem Praxisübernehmer und dem Praxisabgeber abzuschließen und – je nach Interessenlage – entsprechend längere oder kürzere Kündigungsfristen zu vereinbaren. Denn Arbeitsverträge können sowohl mit einer unbefristeten, als auch mit einer befristeten Kündigungsmöglichkeit ausgefertigt werden.

11.2.6 Wettbewerbsverbot

Üblicherweise geht der Praxisübernehmer beim Kauf der Praxis davon aus, die Patienten und die übrigen vom Praxisabgeber aufgebauten Netzwerke, gerade im Hinblick auf Zuweiser, übernehmen zu können. Des Weiteren geht er davon aus, dass der Praxisabgeber ihm in Zukunft diese Beziehungen nicht abspenstig machen wird. Immerhin würde so die vom Praxisübernehmer unter Umständen teuer erkaufte Chance, diese Beziehungen zu nutzen und daraus seinen Lebensunterhalt zu bestreiten, beeinträchtigt.

Das ist auch nur dann unproblematisch, wenn der Praxisabgeber sich nach der Praxisübergabe zur Ruhe setzen möchte und sich dann auch tatsächlich in den Ruhestand verabschiedet.

Sofern der Praxisabgeber allerdings dann doch nicht „loslassen" kann oder ohnehin beabsichtigt hat, seinem Beruf anderweitig nachzugehen, stellt sich die Frage, wie der Praxisübernehmer in seiner Erwartungshaltung geschützt werden kann. Andererseits sollen aber auch die Interessen des Praxisabgebers, seinen Beruf weiterhin ausüben zu können, nicht unzumutbar eingeschränkt werden.

Im Praxisübergabevertrag (also in Schriftform zu Beweiszwecken) sollte daher für den Praxisabgeber ein sogenanntes nachvertragliches Wettbewerbsverbot, auch Rückkehrverbot oder Konkurrenzschutzklausel genannt, vereinbart werden. Angemerkt sei an dieser Stelle, dass für die Dauer eines Arbeits- oder Gesellschaftsvertrags, also wenn der Praxisabgeber überleitend als Angestellter mitarbeitet oder mit ihm zunächst eine Berufsausübungsgemeinschaft gebildet wird, ein solches Wettbewerbsverbot aufgrund der vertraglichen Nebenpflicht des Arbeitnehmers beziehungsweise der Treuepflicht der Gesellschafter untereinander ohnehin – also auch ohne ausdrückliche vertragliche Regelung – besteht.

Um einen sachgerechten Ausgleich der gegenläufigen Interessen beider Parteien erzielen zu können, muss das Wettbewerbsverbot einige von der Rechtsprechung entwickelte Voraussetzungen erfüllen, um nicht Gefahr zu laufen, jedenfalls teilweise nichtig und damit unverbindlich zu sein.

Geht die Klausel über den Schutzzweck hinaus, übervorteilt die eine und/oder benachteiligt die andere Partei in unzumutbarer Weise, ist die Klausel in jedem Fall nichtig. Die Klausel muss danach in zeitlicher, örtlicher und gegenständlicher Hinsicht angemessen sein. Eine allgemein gültige Formel gibt es für die Angemessenheit des Wettbewerbsverbots aber nicht. Maßgeblich sind hier immer die Umstände des jeweiligen Einzelfalls. Der hierzu umfangreich ergangenen Rechtsprechung können insoweit also nur Tendenzen entnommen werden.

In zeitlicher Hinsicht zulässig ist das Verbot nach der Rechtsprechung des Bundesgerichtshofs für die Dauer von grundsätzlich zwei bis drei Jahren. Nach dieser Zeit geht man davon aus, dass sich die „Patientenbindung" quasi „verflüchtigt" hat und es schlichtweg nichts mehr zu schützen gibt. Wird ein zeitlich länger andauerndes Wettbewerbsverbot vereinbart als zulässig, ist es sittenwidrig und damit nichtig. Es wird aber durch das Gericht auf das zulässige Maß heruntergekürzt, sogenannte geltungserhaltende Reduktion. Der Umfang eines wirksamen Wettbewerbsverbotes ist von vielen Faktoren abhängig, wie zum Beispiel der Verkehrsanbindung, der geographischen Lage, ob es sich um ein Stadtgebiet oder eher ländlich geprägtes Gebiet handelt, der Fachgruppe des Praxisabgebers, der Patientenstruktur, dem Planbereich der Bedarfsplanung oder dem Zulassungsbezirk.

So kann beispielsweise bereits ein Radius von fünf Kilometern um die Praxis unwirksam sein, wenn die betreffende Praxis in Berlin-Mitte oder im Ruhrgebiet liegt. Andererseits kann ein Radius von 25 km in einem großflächigen und kaum besiedelten Gebiet, beispielsweise in der Eifel, unproblematisch zulässig sein. Möglich ist auch, dass es unzweckmäßig ist, einen vollkommenen Kreis mit mehr oder weniger großem Radius um die Praxis zu ziehen, zum Beispiel dort, wo ein Planbereich oder ein Zulassungsbezirk den Kreis durchschneiden würde oder eine geographische „Hürde" besteht.

In gegenständlicher Hinsicht muss der Wettbewerbsklausel entnommen werden können, welche Tätigkeiten der Praxisabgeber noch ausüben darf und welche nicht. Geregelt werden kann zum Beispiel, dass der Praxisabgeber in einem bestimmten Fachgebiet tätig werden darf, im anderen dagegen nicht, dass er noch privatärztlich tätig werden darf oder nicht, dass er (nur) keine eigene (Vertragszahnarzt-)Praxis mehr eröffnen darf oder dass er sich nicht von einem (bestimmten) Krankenhaus, einem (bestimmten) niedergelassenen Kollegen oder einem (bestimmten) Medizinischen Versorgungszentrum oder nicht einmal mehr als Vertreter anstellen lassen darf. Denkbar wäre auch, dass er nur bestimmte Leistungen, wie beispielsweise ambulante Operationen, nicht mehr ausführen darf. Eine Überschreitung der zulässigen Grenzen hat die Nichtigkeit des gesamten Wettbewerbsverbots zur Folge.

Das Wettbewerbsverbot sollte sodann durch eine angemessene Vertragsstrafe abgesichert werden, um nicht nur einen Anspruch auf Unterlassung gegen den Praxisabgeber geltend machen zu können oder einen oft nur schwer nachzuweisenden Schadensersatz beweisen zu müssen. Sollte die vereinbarte Vertragsstrafe zu hoch sein, kann sie vom Gericht auf ein angemessenes Maß reduziert werden. Es bietet sich entweder an, eine konkrete Summe zu vereinbaren oder aber den auf den Goodwill entfallenden Teil des Kaufpreises anzusetzen, da das Wettbewerbsverbot ja in erster Linie auf die wirtschaftliche Verwertbarkeit des immateriellen Praxiswerts durch den Praxisübernehmer zielt.

Eine besondere Spielart des Wettbewerbsverbots ist die Patientenschutzklausel. Danach ist es dem Praxisabgeber lediglich untersagt, bestimmte Patienten oder Patientengruppen zu behandeln. Die vorgenannten Kriterien zur Wirksamkeit einer „normalen" Wettbewerbsklausel sind allerdings nur eingeschränkt auf diese Form der Klausel übertragbar.

In Bezug auf die Behandlung gesetzlich Versicherter Patienten macht eine entsprechend eingeschränkte Klausel ohnehin nur dann Sinn, wenn der Praxisabgeber nach der Übergabe überhaupt noch über die Berechtigung verfügt, gesetzliche Patienten zu behandeln. Denkbar wäre dies beispielsweise bei der Abgabe lediglich eines Praxisteils. Falls der Praxisabgeber beabsichtigen sollte, in einer zugelassenen Klinik tätig zu werden, sollte er darauf achten, dem Praxisübernehmer diesem die Beschränkung durch diese Klausel offen zu legen, da er ansonsten Gefahr läuft, sich entweder gegenüber dem Praxisübernehmer oder der Klinik, bei der er tätig werden möchte, schadensersatz-

pflichtig zu machen. Da er sich gegebenenfalls weigern müsste, „verbotene" Patienten in der Klinik zu behandeln, ist ansonsten regelmäßig lediglich die Erfüllung einer von beiden Verträgen möglich.

11.2.7 Zahlungsmodalitäten

11.2.7.1 Zahlung des Kaufpreises (Fälligkeit)

Auch die Fälligkeit der Kaufpreiszahlung ist im Praxisübergabevertrag beziehungsweise Kaufvertrag so zu regeln, dass die entsprechende Regelung nicht auslegungsfähig, sondern vielmehr eindeutig ist. Da die Zulassungsbeschränkungen weggefallen sind, macht es keinen Sinn, die Fälligkeit des Kaufpreises an das Datum der (positiven) Zulassungsentscheidung oder an die Bestandskraft des Zulassungsbescheides zu knüpfen. Sinnvoll ist, die Fälligkeit auf einen Tag nach der Übergabe der Praxis beziehungsweise Eintritt in die Berufsausübungsgemeinschaft zu legen, nachdem auch ein Übergabeprotokoll erstellt wurde.

In dem Praxisübergabevertrag beziehungsweise dem Kaufvertrag ist zudem zwingend zu regeln, zu welchem Zeitpunkt und in welchem Umfang die Praxis auf den Praxisübernehmer übergehen soll. Praxisabgeber legen häufig Wert darauf, dass die Praxisübergabe am Jahresende stattfindet und der Kaufpreis Anfang Januar gezahlt wird. Dieser Wunsch ist auf Steuervorteile für den Praxisabgeber zurückzuführen, für den Praxisübernehmer hat eine solche Regelung keine Nachteile.

Da allerdings die Zulassung des Praxisübernehmers von der Entscheidung des Zulassungsausschusses abhängig ist, sollte neben dem Stichtag vereinbart werden, dass sämtliche Regelung des Vertrages auch gelten, wenn der Praxisübernehmer erst zu einem späteren Zeitpunkt zugelassen wird (sogenannte Gleitklausel). Denkbar ist beispielsweise, dass die Gleitklausel für mindestens zwei Quartale gilt und danach beide Parteien von dem Vertrag zurücktreten können.

11.2.7.2 **Kaufpreissicherung**

Praxisabgeber legen für den Fall des Ausbleibens der Kaufpreiszahlung nach Ablauf des vereinbarten Fälligkeitstermins Wert auf die Zahlung von Verzugszinsen in Höhe eines bestimmten Prozentsatzes (üblicherweise zwischen fünf und 9 Prozentpunkten) über dem jeweils gültigen Basiszinssatz (dieser wird jeweils zum 01.01 und 01.07. eines jeden Jahres von der Europäischen Zentralbank angepasst) geschuldet ist. Zinsen als Verzögerungsschaden sind zwar ohnehin geschuldet, allerdings kann so die Höhe des Zinssatzes modifiziert (erhöht) werden.

Regelmäßig lässt sich der Praxisabgeber vom Praxisübernehmer den Finanzierungsnachweis einer Bank vorlegen. In Betracht kommen alternativ auch andere Nachweise der Zahlungsfähigkeit. Zusätzlich kann auch die Vorlage einer Bankbürgschaft vereinbart werden, welche als Bankaval bezeichnet wird. Bei einem solchen Bankaval handelt es sich um Bürgschafts- und/oder Garantiererklärungen, welche Kreditinstitute zugunsten ihrer Kunden abgeben. Die Bank verpflichtet sich dazu, die Haftung für Kaufpreiszahlung ihres Kunden zu übernehmen, wenn dieser seinerseits die Verpflichtungen gegenüber dem Verkäufer nicht erfüllt. Die Kosten für einen Bankaval orientieren sich dabei an der Höhe des jeweils abzusichernden Betrages.

Hier kann der Praxisabgeber dem Praxisübernehmer aber gegebenenfalls insoweit entgegenkommen, als er notwendige betriebswirtschaftliche Informationen offenlegt, Zustimmungen zu Kreditsicherungsmaßnahmen abgibt oder dem Praxisübernehmer die hierfür anfallenden Kosten ganz oder teilweise erstattet.

Denkbar ist des Weiteren die Vereinbarung eines Eigentumsvorbehalts, wonach der Praxisabgeber bis zur vollständigen Bezahlung des Kaufpreises Eigentümer der materiellen Güter der Praxis bleibt.

11.2.7.3 **Kaufpreisrente**

Auch eine weitere Möglichkeit der Zahlung des Kaufpreises soll nicht unerwähnt bleiben, nämlich die der Zahlung in Form einer Rente – „ratenweise".

Dies mag vor allem für diejenigen Praxisabgeber in Betracht kommen, die ihre Praxis an ihre(n) „Zahnarzt-Sprössling(e)" nicht völlig unentgeltlich im Wege einer Schenkung abgeben möchten, den Sprössling aber auch nicht zugleich zur Aufnahme von unter Umständen erheblichen Darlehensverbindlichkeiten zwingen wollen, gleichwohl aber eine Alterssicherung möchten. Für den Praxisübernehmer hat diese Zahlung des Kaufpreises den großen Vorteil, dass er kein Darlehen aufnehmen muss und statt der Raten an die Bank in vergleichbarer Höhe über einen bestimmten Zeitraum Kaufpreisraten an den Verkäufer zahlt. Aus Sicht des Praxisübernehmers besteht so die Möglichkeit Zinsen zu sparen. Aus Sicht des Praxisabgebers ist eine derartige Ratenzahlungsvereinbarung jedoch wenig vorteilhaft, weil er in der Regel den Kaufpreis sofort voll versteuern muss und das Risiko trägt, dass der Praxisübernehmer seine Raten auch pünktlich zahlt. Daher wird in der Praxis selten eine Ratenzahlung des Kaufpreises vereinbart. Allenfalls bei familiären Nähebeziehungen kommt eine derartige Klausel in Betracht.

11.2.7.4 **Kaufpreisanpassungsklauseln**

Mit Kaufpreisanpassungsklauseln sollen – in der Regel negativen – Veränderungen Rechnung getragen werden, die sich im Zeitraum zwischen Unterzeichnung des Übergabevertrags und der Praxisübergabe ergeben. Da in dieser Zeit der Praxisabgeber die Praxis in der Regel – und wünschenswerterweise – weiterführt, wäre denkbar, dass dieser versucht, den ihm bis zum Übergang zustehenden Gewinn der Praxis durch Maßnahmen zum Nachteil des Praxisübernehmers zu erhöhen, Rechnungen nicht bezahlt oder Ähnliches.

Durch die Aufnahme eindeutiger Regelungen bezüglich einer stichtagsbezogenen Rechnungsabgrenzung und der umfassenden Vereinbarung der Rechte und Pflichten der Vertragsparteien, insbesondere bezüglich der Haftung und der Gewährleistungs- und Garantieansprüche (beispielsweise durch die Regelung von Schadensersatzverpflichtungen oder der Vereinbarung empfindlicher Vertragsstrafen für den Fall der wesentlichen Verschlechterung des Kaufgegenstands) sollten solche Klauseln aber eigentlich obsolet sein.

Nur wenn zwischen dem Abschluss des Kaufvertrages und dem geplanten Übergang der Praxis lange Zeit vergehen wird (ein Jahr oder mehr), sollte eine solche Klausel aufgenommen werden, um den Praxisübernehmer davor zu schützen, dass der Praxisabgeber sich nach Abschluss des Kaufvertrages „zur Ruhe setzt" und die Patienten verschwinden. Wird eine solche Klausel vereinbart, ist sie möglichst konkret zu fassen. Die Patientenzahl und der Umsatz welchen Quartales sind maßgebend? Ab wieviel Prozent Reduzierung der Patientenzahl und des Umsatzes mindert sich der Kaufpreis um wie viel Prozent? Je konkreter diese Parameter bezeichnet werden, umso eher wird sich der Praxisabgeber vertragstreu verhalten. Sollte er das nicht tun, so kann der Praxisübernehmer den Kaufpreis mindern.

11.2.7.5 Honorarabgrenzungen zum Übergabestichtag

Um die „alte" und „neue" Praxis klar abgrenzen zu können, empfiehlt es sich, beispielsweise bezüglich eingehender Honorarforderungen, aber nicht zuletzt auch eingehender Regressforderungen, nicht zu wenig Zeit auf klare und genaue Formulierungen zu verwenden.

Zunächst sollte daher ein bestimmter Stichtag zur Praxisübergabe oder Übergabe des Praxisanteils an einer Berufsausübungsgemeinschaft benannt beziehungsweise so genau wie möglich umschrieben werden.

Zum einen sollten ab diesem Tag die Abgaben, Lasten und die Haftung vom Praxisübernehmer zu tragen sein. Zum anderen sollten diesem aber umgekehrt ab dem Stichtag auch der Nutzen und der Besitz, gegebenenfalls auch zugleich das Eigentum (Eigentum und Besitz sind rechtlich verschieden) an den Gegenständen zustehen.

Ab dem Übergabestichtag sollten dem Praxisübernehmer dann folglich auch die Einnahmen zustehen, was am besten, auch rein praktisch, dadurch gewährleistet werden kann, dass sich der Praxisübernehmer ein neues, eigenes Konto einrichtet, worauf auch die für ihn bestimmten Zahlungen einzugehen haben.

Des Weiteren sollte, um ein Durcheinander zu vermeiden, eine Rechnungsabgrenzung vorgenommen und dazu sodann die Regelung aufgenommen werden, dass der Praxisabgeber – auch im eigenen Interesse – möglichst alle bis zum Übergabestichtag erbrachten Leistungen abrechnet und dem Praxisabgeber die Einnahmen für alle bis zu diesem Zeitpunkt erbrachten Leistungen, dem Praxisübernehmer dagegen alle Einnahmen der ab diesem Zeitpunkt zu erbringenden Leistungen, zustehen sollen.

Dasselbe soll dann auch, gegebenenfalls zeitanteilig, für Verbindlichkeiten, die im Zeitraum vor oder nach dem Übergabestichtag fällig werden, gelten. Sinngemäß soll dies dann weiter gelten für Haftungsfälle, gleich welcher Art, sei es infolge verursachter Behandlungs- oder Aufklärungsfehler oder schlicht bezüglich versehentlich nicht überwiesener Forderungen. Maßgeblich sollte dabei sein, durch wen der Fehler und inwieweit verschuldet und/oder verursacht worden ist.

11.2.8 Beendigung/Widerruf/ Rücktritt

Der Übergabevertrag sollte zudem entweder unter der aufschiebenden Bedingung geschlossen werden, dass der Praxisübernehmer eine bestandskräftige Zulassung und gegebenenfalls Genehmigung der Berufsausübungsgemeinschaft erhält, oder unter der auflösenden Bedingung für den Fall, dass er keine bestandskräftige Zulassung und gegebenenfalls Genehmigung der Berufsausübungsgemeinschaft erhalten hat. Die Bedingung bewirkt im ersten Fall, dass der Übergabevertrag erst mit Eintritt der Bedingung wirksam wird, im zweiten Fall, dass der Vertrag mit Eintritt der Bedingung wieder außer Kraft tritt.

Die Vereinbarung eines Rücktrittsrechts kann sich in vielen Konstellationen anbieten. Dies kann dann der Fall sein, wenn einzelne Pflichten von der einen oder anderen Seite verletzt werden, auf deren Einhaltung es der einen oder anderen Seite aber derart ankommt, dass für sie bei einem Verstoß der gesamte Vertrag keinen Sinn mehr macht. Der Rücktritt muss dann schriftlich innerhalb einer zu bestimmenden Frist erklärt werden. Sodann muss der gesamte Übergabevertrag rückabgewickelt werden. Dies hat zur Folge, dass alle bereits ausgetauschten Leistungen oder Gegenstände an den ursprünglichen Inhaber zurückgewährt und gegebenenfalls Nutzungsersatz geleistet werden müssen.

Sollte einer der Vertragsparteien im Übrigen das Festhalten am Vertrag in der vereinbarten Form nicht zugemutet werden können, weil die Parteien von falschen wesentlichen Voraussetzungen ausgegangen sind oder sich Umstände, die Grundlage des Vertrags geworden sind, nachträglich schwerwiegend verändert haben, kann ausnahmsweise (!) eine Anpassung des Vertrags verlangt werden oder, falls eine Anpassung nicht möglich oder nicht zumutbar sein sollte, die betreffende Partei zurücktreten (sogenannte Störung der Geschäftsgrundlage).

Steht der Praxiskaufvertrag hingegen unter der aufschiebenden Bedingung der Zulassung des Praxisübernehmers, ist der Praxiskaufvertrag im juristischen Sinne unwirksam. Der juristische Fachbegriffe lautet „schwebend unwirksam". Rein rechtlich ist der Vertrag insgesamt unwirksam, womit auch alle vertraglichen Nebenpflichten unwirksam wären. Der Praxisübernehmer geht damit das Risiko ein, dass auch eine Vertragsstrafe, in der Praxisabgeber bei Verstößen gegen die vertragliche Treuepflicht zu zahlen hat, schon deswegen unwirksam ist. Aus Sicht des Praxisübernehmers empfiehlt es sich deshalb, ein Rücktrittsrecht und keine aufschiebende Bedingung zu vereinbaren.

11.2.9 **Morbiditätsrisiko**

Da immer eintreten kann, woran niemand denken möchte, sollte der Praxisübergabevertrag bereits vor dem geplanten Übergabezeitpunkt Regelungen für den Fall der Berufsunfähigkeit oder gar des Todes der einen oder anderen Partei enthalten.

Sollte der Praxisübernehmer versterben oder zumindest teilweise berufsunfähig werden, möchte sich dieser beziehungsweise dessen Erbe(n), wie auch der Praxisabgeber beziehungsweise dessen Erbe(n), so schnell wie möglich von den vertraglichen Verpflichtungen lösen können. Sollte der Praxisabgeber versterben oder berufsunfähig werden, hat dieser beziehungsweise dessen Erbe(n), wie auch der Praxisübernehmer, ein Interesse daran, dass der Vertrag so schnell wie möglich abgewickelt wird.

Häufig wird sich in Bezug auf den Tod oder die Berufsunfähigkeit des Praxisabgebers eine Regelung anbieten, wonach der Praxisübernehmer bereits unverzüglich nach dem Tod oder Feststellung der Berufsunfähigkeit die Praxis übernimmt. Dabei ist allerdings zu berücksichtigen, dass der Praxisübernehmer jedenfalls seine vertragszahnärztliche Tätigkeit erst dann aufnehmen darf, wenn er über eine bestandskräftige Zulassung verfügt.

Dies ändert jedoch nichts an dem beschränkten Wirkkreis einer solchen Regelung im Hinblick auf die Bestandskraft der Zulassung. In der Zwischenzeit kann der Praxisübernehmer aber in der Regel schon einmal als Vertreter oder Sicherstellungsassistent des erkrankten Zahnarztes tätig werden. Auch eine solche Regelung kann vorsorglich mit in den Praxisübergabvertrag aufgenommen werden.

Anbieten kann sich für beide Seiten auch die Vereinbarung eines Rücktrittsrechts, von dem die jeweils nicht betroffene Partei gegebenenfalls Gebrauch machen kann. Wird von dem Rücktrittsrecht Gebrauch gemacht, muss das Vertragsverhältnis rückabgewickelt werden. Ist in jedem Fall eine Rückabwicklung – unabhängig von dem Willen einer Partei – gewollt, empfiehlt sich die Aufnahme einer Bedingung in den Vertrag.

Zuletzt sei noch angemerkt, dass die Regelungen, wie bei einer möglichen Berufsunfähigkeit und deren Feststellung zu verfahren ist, nicht detailliert genug sein können. Eine unklare oder ungenaue Regelung birgt großes Konfliktpotential:

So kann trefflich über die Auswahl des zu bestellenden Gutachters, der Kostenübernahme für denselben bis hin zu den Fristen, ab wann von einer Berufsunfähigkeit gesprochen werden kann oder muss, oder, wer den Antrag auf Untersuchung über die Berufsunfähigkeit einbringen kann oder muss und in welcher Form, gestritten werden. Es empfiehlt sich, sich daran zu orientieren, ab wann der entsprechende Berufsunfähigkeitsversicherer der betroffenen Partei (sofern vorhanden) von einer Berufsunfähigkeit ausgeht.

11.2.10 Übergabeprotokoll

Der Begriff des Übergabeprotokolls soll sicherstellen, dass vertragliche Pflichten des Verkäufers erfüllt worden sind und wenn nicht, was von seiner Seite noch zur Erledigung offen steht.

Diesem ganz ähnlichen Zweck dient das Protokoll, mit dem festgehalten werden soll, ob die im Praxisübergabevertrag festgehaltenen Gegenstände des Inventars auch tatsächlich bei Übergabe vorhanden sind, ob sie funktionstüchtig sind oder vielleicht nicht dem Baujahr des medizinischen Geräts entspre-

chen, das der Praxisübernehmer bei Besichtigung des Inventars in Erinnerung hatte. Aus dieser Betrachtung erhellt es sich, weshalb es sich lohnt, im Praxisübergabevertrag alle materiellen Gegenstände so genau wie möglich zu bezeichnen – gegebenenfalls fotografisch zu dokumentieren – die am Stichtag den Eigentümer wechseln und wofür der Praxisübernehmer auch den Kaufpreis bezahlt hat.

Dem Praxisübergabevertrag sollte deshalb unbedingt als Anlage eine Übersicht beigefügt werden, worin alle materiellen Vermögenswerte der Praxis aufgelistet sind, am besten in einem Inventarverzeichnis. In diesem Falle dient das Übernahmeprotokoll mehreren Zwecken: Zum einen dokumentiert und erinnert es zugleich die Vertragsparteien daran, welche einzelnen Gegenstände des Inventars auch tatsächlich am Tag der Übergabe in den Eigenbesitz des Praxisübernehmers übergehen und welche möglicherweise fehlen (auch ein solcher Umstand wäre im Übergabeprotokoll natürlich zu vermerken). Zum anderen könnte im Einzelfall der Nachweis geführt werden, dass die Praxis vom Praxisübernehmer auch tatsächlich übernommen worden ist. Dieser Nachweis gilt sowohl gegenüber dem Zulassungsausschuss als auch gegenüber dem Finanzamt, wenn sich die Frage nach dem Beginn der Abschreibung der Kosten für die Anschaffung stellen sollte.

Gegenstand der Übergabe sind in der Regel medizinische Geräte, Behandlungseinrichtungen, die Handkasse, Schlüssel (Anzahl) und medizinisches Verbrauchsmaterial.

Das Übergabeprotokoll soll außerdem das Datum (Stichtag) enthalten, zu dem die Übergabe stattgefunden hat und unbedingt die Unterschrift beider Vertragsbeteiligten tragen. Noch offene Sachverhalte (etwa fehlendes Teilinventar) sollten ausdrücklich festgehalten werden. Zudem sollte der genaue Termin bestimmt sein, zu dem die – nachträgliche – Übergabe des fehlenden Inventars erfolgen soll und auch unbedingt von demjenigen gegengezeichnet werden, der die vollständige Übergabe (noch) schuldet.

Worauf man nach der Praxisübernahme achten sollte

Inhaltsverzeichnis

© Springer-Verlag GmbH Deutschland, ein Teil von Springer Nature 2020
G. Bierling et al., *Zahnarztpraxis - erfolgreiche Übernahme und Gründung*, Erfolgskonzepte
Zahnarztpraxis & Management, https://doi.org/10.1007/978-3-662-57812-4_12

12.1 Abrechnungen gegenüber der Kassenzahnärztlichen Vereinigung

Von erheblicher Bedeutung sind die Abrechnungen in der Vertragszahnarztpraxis gegenüber der Kassenzahnärztliche Vereinigung. Erforderlich ist, dass die Regelungen des einheitlichen Bewertungsmaßstabes für zahnärztliche Leistungen (BEMA) bei der Leistungsdokumentation genau beachtet werden. Der BEMA gliedert sich im Kern in sechs Teile:

1. Konservierende und chirurgische Leistungen und Röntgenleistungen,
2. Behandlung von Verletzungen des Gesichtsschädels (Kieferbruch),
3. Kiefergelenkserkrankungen (Aufbissbehelfe),
4. kieferorthopädische Behandlung,
5. die systematische Behandlung von Parodontopathien
6. sowie die Versorgung mit Zahnersatz und Zahnkronen.

Daneben ist es erforderlich, sich intensiv mit dem System der Festzuschüsse für Zahnersatz auseinanderzusetzen, um dem Patienten bei der Aufstellung eines Heil- und Kostenplanes hinsichtlich der von ihm zu tragenden Kostenanteile richtig beraten zu können.

Als zugelassener Vertragszahnarzt steht man in einem Unterordnungsverhältnis zur Kassenzahnärztlichen Vereinigung. Die „peinlich genaue" Abrechnung gegenüber der Kassenzahnärztlichen Vereinigung stellt eine wesentliche Pflicht des zugelassenen Vertragszahnarztes dar. Kommt er dieser Verpflichtung nicht nach, so kann es zu empfindlichen Honorarkürzungen kommen. Im Zweifel droht sogar ein Disziplinarverfahren durch die Kassenzahnärztliche Vereinigung.

Es empfiehlt sich daher, sich rechtzeitig vor der Praxisübernahme mit den Regelungen des BEMA und der Festzuschüsse vertraut zu machen. Darüber hinaus haben die Kassenzahnärztlichen Vereinigungen auch Servicetelefone und Abrechnungsberater, mit denen man Zweifelsfragen in der kassenzahnärztlichen Abrechnung klären kann. Auch der Besuch von Abrechnungsseminaren der Kassenzahnärztlichen Vereinigung ist empfehlenswert. Es ist durchaus üblich, dass man Abrechnungsfehler von Praxisübernehmern relativ großzügig korrigiert, wenn erkennbar ist, dass dieser sich um eine korrekte Abrechnung bemüht hat. Man spricht von einer sachlich-rechnerischen Berichtigung der Abrechnung.

Trotzdem ersetzt die Beratung durch die Kassenzahnärztliche Vereinigung nicht das selbstständige Studium des BEMA. Die Sichtweise des niedergelassenen Zahnarztes muss aber auch diese sein, die ihm zustehende Vergütung nach dem BEMA möglichst umfassend zu generieren. Dies aber setzt voraus, dass der niedergelassene Vertragszahnarzt ganz genau weiß, welche Leistungen er gegenüber dem Patienten erbringen muss und wie er diese Leistungen zu dokumentieren hat, damit er die entsprechende Vergütungsziffer in Ansatz bringen kann.

Eine moderne Praxissoftware bietet dazu wichtige Hilfen. Sie sieht den BEMA natürlich unter dem größtmöglichen Nutzen für den niedergelassenen Zahnarzt. Auch der Softwarehersteller ist ein wichtiger Ansprechpartner bei der Erstellung einer korrekten – und für den Zahnarzt wirtschaftlich optimalen – Abrechnung. Neben dem Besuch von Abrechnungsseminaren bei der Kassenzahnärztlichen Vereinigung sollten auch Abrechnungsseminare von anderen Anbietern besucht werden, da bei letzteren der Fokus verstärkt auf eine wirtschaftlich optimale Abrechnung gelegt wird.

12.2 Abrechnung bei Privatpatienten/ Zuzahlungen

Gleiches gilt bei Privatpatienten oder bei über die Basisversorgung hinausgehender Behandlung von Kassenpatienten (Zuzahlungen). Hier ist die Gebührenordnung für Zahnärzte (GOZ) die maßgebende Norm, die bei der Abrechnung von Leistungen gegenüber den Patienten beachtet werden muss. Bedauerlicherweise hinkt die Gebührenordnung für Zahnärzte hinter der Entwicklung der medizinischen Möglichkeiten hinterher, so dass neuere Leistungen häufig nicht oder noch nicht im Gebührenverzeichnis der Gebührenordnung für Zahnärzte aufgeführt sind. Hier hilft die sogenannte Analogabrechnung weiter. Es wird innerhalb des Leistungsverzeichnisses der Gebührenordnung für Zahnärzte nach einer Gebührenordnungsziffer gesucht, die aufgrund Umfang und Schwierigkeitsgrad in etwa der erbrachten Leistung entspricht, welche wiederum noch nicht unter einer Nummer im Leistungsverzeichnis geführt ist. Wichtig ist dabei, dass die korrekten Steigerungssätze gewählt werden. Steigerungssätze sind der einfache bis zum 3,5-fache Satz. Es muss allerdings auch in der Gebührennummer nachgeschaut werden, ob diese eine Begrenzung des Steigerungssatzes vorsieht.

In der Praxis empfiehlt es sich, für die Abrechnung von Privatzahlerleistungen ein Abrechnungsinstitut zu beauftragen. Dies hat für den Praxisgründer zwei Vorteile. Zum einen erhält er eine professionelle und qualifizierte Beratung hinsichtlich der juristisch korrekten, aber auch wirtschaftlich optimalen Abrechnung der Privatzahlerleistungen. Zum anderen kann er einen wesentlichen Teil der lästigen Bürokratie in die Hände von professionellen Anbietern legen. Er macht sich damit die Erfahrung von zahlreichen niedergelassenen Zahnärzten zunutze.

Derartige Abrechnungsinstitute lassen sich durch einen Prozentsatz der abgerechneten Leistungen vergüten. Das Geld, das bei einem derartigen Abrechnungsinstitut als Gebühr gezahlt werden muss, ist ein Bruchteil dessen, was der Zahnarzt ansonsten an Kosten (Personalkosten und auch eigene Zeit) aufwenden müsste, um wirtschaftlich dasselbe Ergebnis zu erzielen. Es kann daher unter betriebswirtschaftlichen Gesichtspunk-

ten nur dazu geraten werden, sich bei der Privatabrechnung professionelle externe Unterstützung zu nutzen.

12.3 Dokumentation

Sowohl bei der Abrechnung kassenzahnärztlicher Leistungen als auch bei der Abrechnung von Privatzahlerleistungen muss genauestens dokumentiert werden, welche Untersuchungs- und Behandlungsleistungen erbracht worden sind. Diese Dokumentation dient aber nicht nur der Abrechnung der erbrachten Leistungen, sondern erfüllt auch weitere gesetzliche Pflichten des Zahnarztes und kann im Streitfall mit dem Patienten für den Zahnarzt sehr hilfreich sein.

Sowohl der BEMA als auch die Gebührenordnung für Zahnärzte sehen bestimmte, genau definierte zu erbringende Untersuchung und Behandlungsleistungen vor. Sind diese nicht in der Patientenakte dokumentiert, darf die Leistung weder gegenüber der Kassenzahnärztlichen Vereinigung noch gegenüber dem Privatpatienten abgerechnet werden.

Sind die erbrachten Leistungen ordnungsgemäß dokumentiert, hilft dies auch für den – seltenen – Fall, dass eine Privatrechnung eingeklagt werden muss, weiter.

12.4 Haftungsprävention

12.4.1 Kunstfehler

Kunstfehler werden in erster Linie durch sorgfältige Anamnese, regelmäßige Weiterbildung und Beschränkung auf die Untersuchung und Behandlungsleistungen, die gut beherrscht werden, vermieden. Dennoch kann es zu dem Vorwurf kommen, dass dem Behandler ein Kunstfehler unterlaufen sei. Auch in diesem Zusammenhang ist eine ordnungsgemäße Dokumentation der Behandlungsleistungen in der Patientenakte wichtigste Voraussetzung dafür, dass korrekt behandelt wurde. Darüber hinaus empfiehlt es sich, die Leitlinien der zahnmedizinischen Fachgesellschaften für die Untersuchungsleistungen, die der Behandler erbringt, zu beachten. Sie stellen eine wichtige Richtlinie zur korrekten zahnärztlichen Behandlung dar.

Dennoch ist eine angemessene Haftpflichtversicherung unverzichtbar. Die Deckungssumme sollte mindestens 5.000.000,00 EUR betragen.

12.4.2 Haftung für Verbindlichkeiten des Praxisabgebers

Wie bereits zuvor bezüglich des Eintritts in eine Berufsausübungsgemeinschaft dargelegt, haftet bei einer Personengesellschaft der Eintretende auch für Verbindlichkeiten aus der Tätigkeit der Berufsausübungsgemeinschaft und das fünf Jahre zurück seit seinem Eintreten. Diese Haftung des Praxisübernehmers kann nur dadurch eingeschränkt werden, dass mit dem Praxisabgeber vereinbart wird, dass dieser im Innenverhältnis sämtliche Kosten übernimmt, die der Praxisübernehmer aufgrund seines Eintritts in eine Berufsausübungsgemeinschaft zu tragen hat. Soweit es sich um die Haftung für Kunstfehler handelt, hilft in aller Regel die Berufshaftpflicht weiter, so dass eine Inanspruchnahme des in eine Berufsausübungsgemeinschaft Eintretenden regelmäßig ausgeschlossen ist. Im Rahmen der Verhandlungen zur Übernahme eines Gesellschaftsanteils sollte aber auch gefragt werden, wie die bisherigen Behandler haftpflichttechnisch abgesichert waren.

Drohen Haftpflichtprozesse und der Praxisübernehmer möchte trotzdem in die Berufsausübungsgemeinschaft eintreten, sollte vorsichtshalber von dem Praxisabgeber eine Bankbürgschaft in Höhe der voraussichtlichen Inanspruchnahme verlangt werden. So kann der Praxisübernehmer das Insolvenzrisiko des Praxisabgebers minimieren und bleibt auf eventuellen Kosten nicht deswegen sitzen, weil der Praxisabgeber zahlungsunfähig oder möglicherweise unbekannt verzogen ist.

Bei der Praxisübernahme sollte auch eine Regelung für Gewährleistungsarbeiten des Praxisabgebers in den Kaufvertrag aufgenommen werden. So kann vereinbart werden, dass der Praxisabgeber Gewährleistungsarbeiten noch selbst vornimmt. Ebenso kann aber auch vereinbart werden, dass der Praxisübernehmer diese Leistungen erbringt, und der Praxisabgeber die Kosten dafür trägt.

12.4.3 Haftung gegenüber der Kassenzahnärztlichen Vereinigung

Die folgenden Ausführungen gelten nur bei Eintritt in eine Berufsausübungsgemeinschaft. Bei Übernahme einer Einzelpraxis drohen die folgend dargestellten Inanspruchnahmen nicht.

12.4.3.1 Fehlerhafte Abrechnung des Praxisabgebers

Es kann zu einer Honorarrückforderung der Kassenzahnärztlichen Vereinigung gegenüber der Berufsausübungsgemeinschaft kommen, falls die Mitglieder der Berufsausübungsgemeinschaft ihre Leistungen nicht korrekt abgerechnet haben oder ein Heilmittel- oder Arzneimittelregress droht.

Bei einer falschen Abrechnung von Leistungen hat die Berufsausübungsgemeinschaft die zu Unrecht bezogenen Honorare zurückzuzahlen. Dies kann bereits der Fall sein, wenn bestimmte Voraussetzungen im Zulassungsbeschluss der Berufsausübungsgemeinschaft oder in der Zulassung einzelner Mitglieder der Berufsausübungsgemeinschaft nicht beachtet worden sind.

■ **Beispiel**
Die ursprüngliche Berufsausübungsgemeinschaft wurde vor drei Jahren gegründet, indem der jetzige Praxisabgeber seine Praxis

von dem Standort in einem Stadtbezirk in einen anderen Stadtbezirk verlegt hat. Die Genehmigung der Verlegung erfolgte erst sechs Monate nachdem er tatsächlich seine alten Praxisräume geschlossen und seine Tätigkeit in den neuen Praxisräumen aufgenommen hatte. In diesem Fall muss der Praxisabgeber damit rechnen, dass er für die beiden Quartale, in denen er ohne Genehmigung am neuen Standort tätig geworden ist, das erhaltene Honorar zurückzahlen muss. Der Praxisübernehmer würde ebenfalls für die Rückzahlung dieses Honorars haften. Daher sollte bei derartigen Sachverhalten vom Praxisabgeber die Herausgabe von Kopien der Zulassungsentscheidungen gefordert werden. Es sollte zudem abgeglichen werden, ob sämtliche Auflagen und Bedingungen des Zulassungsausschusses auch erfüllt worden sind. Im schlimmsten Fall sollte man bei der Kassenzahnärztlichen Vereinigung nachfragen, ob der Sachverhalt, so wie er sich darstellt, auch von deren Zulassungsgremien genehmigt ist. Erhalten Sie die Mitteilung, dass das tatsächliche Verhalten des Praxisabgebers von dem genehmigten abweicht, wäre für das Risiko der Honorarrückzahlung eine klare Vereinbarung in den Kaufvertrag aufzunehmen. Auf jeden Fall muss in den Kaufvertrag aufgenommen werden, dass im Innenverhältnis der Praxisabgeber haftet. Dann kann der Praxisübernehmer von dem Praxisabgeber die Honorarrückforderung einfordern.

12.4.3.2 Regresse wegen Unwirtschaftlichkeit oder Schlechtleistung

Neben diesen Risiken des Verstoßes gegen Zulassungsbestimmungen gibt es auch noch sogenannte Regresse, also Rückforderungen der Kostenträger, beziehungsweise der Kassenzahnärztlichen Vereinigung, wegen unwirtschaftlichen Verhaltens des zugelassenen Vertragsarztes oder wegen mangelhafter Leistung, vor allem bei prothetischen Leistungen. Auch hier gilt, dass der Eintretende in eine Berufs-

ausübungsgemeinschaft für Heilmittelregresse seiner Vorgänger haftet und das bis zu vier Jahren rückwirkend. Bei Übernahme einer Einzelpraxis haftet der Praxisübernehmer nicht für seinen Vorgänger.

12.4.4 Haftung des Praxisübernehmers

Als Praxisübernehmer haftet man grundsätzlich nicht für Schulden des Praxisabgebers. Ausnahme hiervon bilden die Steuerschulden. Wird ein Unternehmen oder ein in der Gliederung eines Unternehmens gesondert geführter Betrieb im Ganzen übereignet, haftet der Erwerber für Betriebssteuern und für Steuerabzugsbeträge. Voraussetzung ist, dass die Steuern seit dem Beginn des letzten vor der Übereignung liegenden Kalenderjahres entstanden sind und bis zum Ablauf von einem Jahr nach Anmeldung des Betriebs durch den Erwerber festgesetzt oder angemeldet werden. Die Haftung ist jedoch beschränkt auf den Bestand des übereigneten Unternehmens beziehungsweise Teilbetriebs. Betriebssteuern in diesem Sinne sind insbesondere Umsatzsteuer, Gewerbesteuer sowie Steuerabzugsbeträge (Lohnsteuer einschließlich Kirchenlohnsteuer) und Kapitalertragsteuer.

Es ist daher anzuraten, sich beim zuständigen Finanzamt über das mögliche Haftungspotenzial zu erkundigen. Aufgrund des Steuergeheimnisses ist dies zwar nur möglich, wenn der Praxisabgeber zustimmt. Dies dürfte jedoch in der Regel kein Problem darstellen. Weigert sich der Praxisabgeber, so ist ohnehin Vorsicht geboten.

12.5 Marketing

Marketing ist ein wichtiges Thema in Zahnarztpraxen. Neben einer ansprechenden Ausgestaltung der Arztpraxis ist eine Website unverzichtbar. Welche weiteren Marketingmaßnahmen ergriffen werden sollen, ist davon abhängig, ob die Praxis lediglich Patienten oder auch Zuweiser ansprechen will.

Marketing und Patientenakquise in überversorgten Gebieten bedürfen der Einschaltung einer professionellen Marketingagentur und dies umso mehr, wenn der Wunsch besteht, auch zahlungskräftige Privatpatienten zu gewinnen.

Gerade der anspruchsvolle Patient, der grundsätzlich bereit ist, auch private Gesundheitsleistungen in Anspruch zu nehmen und zu bezahlen, erwartet eine zeitgerechte Ansprache und eine verständliche Darstellung der jeweiligen Leistungen des Zahnarztes auf dessen Homepage. Darüber hinaus muss im Internetzeitalter eine schnelle Auffindbarkeit der Homepage des Zahnarztes auch „Google-optimiert" möglich sein. Die Mechanismen des modernen Marketings und der Suchmaschinen, nicht nur Google, ändern sich in sehr kurzen Intervallen. Für einen Zahnarzt, der Aufgaben in der Patientenbetreuung, der Anleitung seiner Mitarbeiter und der korrekten Abrechnung zu bewältigen hat, ist es in der Regel nicht leistbar, auch noch die Entwicklung im modernen Marketing nachzuhalten. Es empfiehlt sich daher, eine auf die Betreuung von Zahnärzten spezialisierte Marketingagentur einzuschalten, die die Homepage erstellt und je nach Bedürfnis des Zahnarztes auch optimiert. Es kommt dabei nicht so sehr darauf an, dass die medizinischen Fachbegriffe korrekt dargestellt werden und dass die akademischen Ausbildungsinhalte und Leistungen des Behandlers medizinisch korrekt formuliert werden. Vielmehr kommt es darauf an, die Besonderheiten der Praxis für den Patienten verständlich herauszustellen und die Homepage für diese ansprechend zu gestalten, beispielsweise durch das Anbieten von Online-Terminbuchungen oder ähnlichem.

Es ist daher davon abzuraten, die Homepage selbst zu gestalten und die Inhalte zu formulieren. Beispiele aus der Beratungspraxis der Autoren zeigen, dass zwar die medizinischen Fachbegriffe korrekt verwandt werden, die Homepage aber nicht von Suchmaschinen gefunden wird oder die Patienten klicken direkt weiter, weil sie das dort vorhandene medizinische „Fachchinesisch" nicht verstehen.

Ein in sich schlüssiges Marketingkonzept für eine durchschnittliche Zahnarztpraxis ist heutzutage inklusive einer professionell gestalteten Homepage für unter 10.000,00 EUR zu haben. In überversorgten Gebieten, in welchen gerade die Konkurrenz um zahlungskräftige Privatpatienten hoch ist, erscheint dies durchaus als eine unverzichtbare Investition.

Neugründung einer Zahnarztpraxis

Inhaltsverzeichnis

© Springer-Verlag GmbH Deutschland, ein Teil von Springer Nature 2020
G. Bierling et al., *Zahnarztpraxis - erfolgreiche Übernahme und Gründung*, Erfolgskonzepte
Zahnarztpraxis & Management, https://doi.org/10.1007/978-3-662-57812-4_13

Bei der Neugründung einer Zahnarztpraxis sind zahlreiche Punkte zu beachten. Entsprechend der eingangs dargestellten Balanced Scorecard kann man sich als Existenzgründer einen Überblick darüber verschaffen, was man zu planen, zu organisieren und letztlich umzusetzen hat.

13.1　Analyse Marktsituation

Der aller erste Punkt, mit welchem sich der Existenzgründer auseinandersetzen sollte, ist der einer umfangreichen Marktanalyse.

Hierbei ist es notwendig, genau zu überprüfen, in welchem Bereich man die Zahnarztpraxis gründen möchte. Neben Fragen der Verkehrsanbindung, der verfügbaren Objekte und der Morbiditätsstruktur ist zunächst festzulegen, wer in erster Linie der Zielpatient ist. Steht hier der Privatpatient im Fokus, so ist auf das entsprechende Einzugsgebiet anders zu achten, als wenn der Schwerpunkt auf den GKV-Bereich gelegt wird. Überdies muss eine Analyse erfolgen, wie viele Zahnärzte mit welchem Leistungsportfolios in diesem Bereich bereits tätig sind. Auch hier macht es Sinn, sich eingehende Informationen über Dritte und insbesondere auch über die jeweilige Kassenzahnärztliche Vereinigung zu beschaffen.

Bei der Standortwahl muss besondere Sorgfalt an den Tag gelegt werden, da eine einmal getroffene Entscheidung für einen Standort schwer beziehungsweise nur mit erheblichen Kosten revidierbar ist. Sicherlich kann man viele Aspekte im Nachgang anders oder neu organisieren. Dies gilt allerdings nicht für den Standort, der untrennbar für das Einzugsgebiet von Bedeutung ist und im Nachhinein keinesfalls mal eben geändert beziehungsweise verlegt werden kann. Daher sollte bei der Standortwahl größtmögliche Sorgfalt in die Prüfung investiert werden.

13.2　Erstellung Businessplan

Oft wird bei vielen Existenzgründern der Eindruck erweckt, die Erstellung eines Businessplanes erfolge lediglich für die Bank. Dies ist falsch, da ein Businessplan nicht in erster Linie für die Bank, sondern von und für den Unternehmer erstellt wird. Die vielschichtigen und zahlreichen Aspekte einer Unternehmensgründung sollten sich in diesem widerspiegeln. Ein Businessplan bring daher Struktur in die Planung und hilft dabei, die zahlreichen und verschiedenen Punkte, die man womöglich nicht bedacht hatte, zu berücksichtigen.

Muster von Businessplänen werden von zahlreichen Akteuren in jeder Branche zur Verfügung gestellt. Viele Banken stellen Businesspläne zur Verfügung, welche dann als Leitlinie für den Gründer genutzt werden können. Vor dem Hintergrund, dass es keine abschließende und einheitliche und vor allem verbindliche Vorlage für einen Businessplanes gibt, ist es abschließend nicht möglich, diesen in seiner Vielschichtigkeit zu besprechen und zu erklären. Wichtig ist allerdings, dass die Bereiche der Finanzen, Prozesse, Patienten und Mitarbeiter von einer Vision beziehungsweise der Zielvorstellung des Gründers umfassend dargestellt werden sollten. Hierzu zählt natürlich gerade auch die Standortfrage. Bei der Erstellung eines Businessplans ist es durchaus ratsam, einen entsprechenden Berater, wie beispielsweise einen Steuerberater, einzuschalten.

Ein besonderer Fokus wird bis heute immer noch auf den Bereich der Finanzen gelegt. Dieser sollte allerdings gleichberechtigt zu den anderen Bereichen stehen und mit diesen entsprechend verzahnt werden. Es macht keinen Sinn, mit Planzahlen oder Vergleichszahlen zu agieren, die nicht auf den Einzelfall abgestellt sind. Notwendigerweise muss bei der Erstellung eines Businessplanes daher mit zahlreichen unbekannten Faktoren gearbeitet werden. Streng genommen ist es daher eine Gleichung die fast nur Unbekannte beinhaltet, sodass sie eigentlich von vornherein zum Scheitern verurteilt ist. Von daher kann ein Businessplan in den seltensten Fällen eine Punktlandung werden, da zu viele unbekannte Variablen berücksichtigt, bewertet, in Beziehung gesetzt und interpretiert werden müssen.

Wesentlich ist allerdings, dass das Grundkonzept des Businessplanes einem Stresstest der Realität standhält. Die geplante Liquidität und der sich daraus ableitende Ertrag sollte mit dem prognostizierten Finanzbedarf korrespondieren. Ein „Nachverhandeln" sollte vermieden werden, da dieses immer nachteilig ist.

13.3 Finanzierungsmöglichkeiten

Grundsätzlich gibt es zwei Finanzierungsmöglichkeiten. Man finanziert die Gründung entweder mit eigenen Finanzmitteln, also mit Eigenkapital, oder mit fremden Finanzmitteln, mit sogenanntem Fremdkapital.

Daneben gibt es natürlich auch noch zahlreiche Mischformen der Finanzierung. So ist es beispielsweise auch möglich, dass ein Teil aus Eigenmitteln finanziert, ein Teil mit Darlehen finanziert und ein weiterer Teil beispielsweise durch die Stundung der Miete durch den Vermieter (beispielsweise für umfangreiche Umbaumaßnahmen) faktisch ebenfalls finanziert wird.

In Zeiten niedriger beziehungsweise keiner Zinsen ist es sehr ratsam, die verschiedensten Finanzierungsmöglichkeiten sinnvoll zu kombinieren. Das bedeutet, dass oft die Mischung zwischen Eigen- und Fremdkapital eine optimale Wirkung erzielen kann. Investitionskredite, also Kredite, mit deren Hilfe die Finanzierung von Praxisinventar oder Umbauten und dergleichen mehr ermöglicht werden kann, können zu sehr attraktiven Zinssätzen finanziert werden. Solche Finanzierungen sollten demgemäß auch genutzt werden. Anders als diese Investitionen müssen die laufenden Ausgaben wie Gehälter, Miete, Strom usw. als Betriebsmittel regelmäßig aus dem laufenden Geschäft selbst finanziert werden. Da aber auch hier oft Kapitalbedarf besteht, da zunächst Investitionen getätigt werden müssen, welche erst im Nachgang Gewinne einspielen und damit Früchte tragen, bedarf es regelmäßig zur Aufrechterhaltung der Liquidität eines Kontokorrentkredites. Umgangssprachlich spricht man hier von einem Überziehungskredit. Dieser dient dazu, Liquiditätsschwankungen bei den Ein- und Ausgaben abzufedern. Demgemäß werden diese Kredite gerne hoch verzinst. Hierbei ist es keine Seltenheit, dass der Zinssatz für einen Überziehungskredit zwischen 6 Prozent und 12 Prozent liegen kann. Sollte ein Kredit über den eingeräumten Rahmen hinaus in Anspruch genommen werden, so kann dieser Zinssatz auch sehr schnell weit über 12 Prozent liegen. Es versteht sich von selbst, dass es immer das Ziel eines jeden Unternehmers sein sollte, die Inanspruchnahme solcher Kredite zu vermeiden. Verfügt der Existenzgründer daher über Kapital, so sollte er dieses sinnvollerweise für die Aufrechterhaltung seiner Liquidität nutzen, um hohe Zinsen für ein Kontokorrent zu vermeiden.

Allein diese Betrachtung belegt schon, dass es sinnvoll ist, verschiedene Finanzierungsformen zu mischen. Selbstverständlich hängt die richtige Finanzierung immer vom Einzelfall, dem Finanzbedarf und von den entsprechenden Sicherheiten ab. Hierzu sollte daher regelmäßig der Kontakt zu Banken aufgenommen werden und auch die Einschaltung eines Steuerberaters ist an dieser Stelle ratsam.

Zusammenfassend ist daher auszuführen, dass die optimalste Konstellation immer die ist, dass der Existenzgründer über ausreichende finanzielle Mittel verfügt. Dies ist aber regelmäßig nicht der Fall. Daher ist er meistens gezwungen, Fremdkapital aufzunehmen. Dieses sollte allerdings so effektiv eingesetzt werden, dass hierfür die geringstmöglichen Kosten entstehen. Zwar kann er die Zinsen für betriebliche Investitionen beziehungsweise für die Inanspruchnahme eines Kontokorrents steuerlich gewinnmindernd in Ansatz bringen. Aber hierbei muss immer wieder bedacht werden, dass jeder Euro, der für Zinsen ausgegeben wird, nicht mehr auch nur zu einem Bruchteil in die Tasche des Unternehmers als Gewinn fließen kann.

13.4   Welche Form?

In welcher Form man in seine Selbstständigkeit startet, hängt davon ab, ob man als Einzelzahnarzt tätig werden will oder sich mit anderen Zahnärzten zusammenschließen möchte.

Die einfachste Form ist hierbei natürlich die der Einzelpraxis. Entscheidet sich der Existenzgründer allerdings dazu, mit anderen Zahnärzten zusammen zu arbeiten und daher eine gemeinsame Praxis zu führen, stellt sich die Frage, ob er dies in der Form einer Berufsausübungsgemeinschaft oder als Praxisgemeinschaft machen möchte.

Die wohl am weitesten verbreitete Konstellation bei mehreren Zahnärzten ist die der Berufsausübungsgemeinschaft. Bei dieser arbeiten mehrere Zahnärzte gemeinsam miteinander, um den Erfolg ihrer gemeinsamen Unternehmung zu fördern. Dies kann in der Rechtsform einer Gesellschaft bürgerlichen Rechts (GbR) oder der zwischenzeitlich sehr beliebt gewordenen Partnerschaftsgesellschaft (PartG) betrieben werden. Natürlich gibt es auch noch andere Möglichkeiten. Die zuvor genannten sind allerdings die am weitesten verbreiteten. Entscheidet man sich dazu, jeweils eigenständig zu bleiben, dann ist eine Praxisgemeinschaft die richtige Wahl. Hier wird jeder Zahnarzt für sich alleine und auf eigene Rechnung tätig. Man teilt sich lediglich die verschiedenen technischen und personellen Ressourcen. Selbstverständlich kann aus der einen Rechtsform eine andere entstehen, so dass man zunächst in der Praxisgemeinschaft startet, um sich im Nach-

gang beispielsweise in der Rechtsform einer Berufsausübungsgemeinschaft zu organisieren. Auch hier gibt es allerdings kein richtig und kein falsch. Alles hängt davon ab, was der Existenzgründer will.

13.5   Personalbeschaffung

Mittlerweile weiß es jeder: Fachpersonal zu finden, wird immer schwieriger. Dabei ist gerade das Personal einer Zahnarztpraxis ein ganz zentraler Punkt für den Erfolg der Praxis.

Auch muss sich der Existenzgründer bewusstmachen, dass der erste Kontakt des Patienten regelmäßig mit dem Personal stattfindet. Daher kann es als Aushängeschild der Praxis bezeichnet werden. Ist das Personal unfreundlich oder unmotiviert, merken die Patienten dies sofort. Auch kann der Zahnarzt nicht alles alleine machen. Er braucht zuverlässige Mitarbeiter, die ihn in seiner direkten Arbeit unterstützen. Zudem muss er sich auf Mitarbeiter verlassen, da diese in verschiedenen Bereichen Kompetenzen haben, welche der in die Selbstständigkeit startende Zahnarzt nicht hat. Als ein Beispiel seien hier die Erstellung von Abrechnungen genannt.

Solch ein Personal zu finden, wird immer schwieriger. Mittlerweile sind soziale Netzwerke und vor allem diverse Internetplattformen die zeitgemäßen Mittel, Personal zu finden. Selbstverständlich ist die klassische Empfehlung immer noch die erfolgreichste Form der Personalgewinnung.

Wichtig ist hier aber auch noch für den Gründer, dass er sich mit arbeitsrechtlichen Fragen auseinandersetzt, dass er die Gehaltsstrukturen kennt und weiß, wie man Mitarbeitergespräche führt. Hieran sieht man, dass sich der Zahnarzt mit Eintritt in die Selbstständigkeit mit ganz anderen beziehungsweise neuen Fragen beschäftigen muss. Im Zweifel sollte er sich hierbei Unterstützung holen.

13.6 Patientengewinnung/ Werbung

Die Patientengewinnung ist ebenfalls ein sehr wichtiger Teil bei der Neugründung einer Praxis. Schließlich kann nur Geld verdient werden, wenn Patienten behandelt werden. Hier muss auf den verschiedensten Ebenen versucht werden, Werbung für die neu zu gründende Zahnarztpraxis zu machen.

Standardmäßig sollte jede Praxis heute eine Internetpräsenz in Form einer Homepage haben und in den sozialen Netzwerken vertreten sein. Neben Außenwerbung und einem ansprechenden Eingangsbereich sind zahlreiche weitere Maßnahmen möglich. Hierbei darf allerdings nicht missachtet werden, dass für die Werbung einer Zahnarztpraxis gewisse rechtliche Rahmenbedingungen eingehalten werden müssen. Auch hier unterstützen die Kassenzahnärztliche Vereinigungen die Praxen mit Informationsmaterial.

13.7 Betriebswirtschaftliche, rechtliche und steuerrechtliche Aspekte

Abschließend sollten in die Planung einer Existenzgründung rechtliche, steuerliche und betriebswirtschaftliche Aspekte mit Hilfe von externen Dienstleistern einfließen. Es macht keinen Sinn, hier ausschließlich auf eigene Faust tätig zu werden. Vielmehr ist es wesentlich zielorientierter und für das Ergebnis hilfreicher, wenn bereits zu einem frühen Zeitpunkt ein Steuerberater die Existenzgründung betreut. Dieser kann dabei helfen, zahlreiche steuerrechtliche Gestaltungsfehler von vornherein auszuschließen. Auch ist es wichtig, die entsprechenden gesetzlichen Rahmenbedingungen zu kennen und in die Planung einzubeziehen. Die betriebswirtschaftlichen Aspekte werden auch vom Steuerberater mit abgebildet, da dieser regelmäßig bei der Existenzgründung und bei der Erstellung eines Businessplanes behilflich ist.

Gerade das Umdenken von „angestellt in Selbständigkeit" bereitet den Existenzgründern sehr häufig Schwierigkeiten. Je früher man sich als Zahnarzt von einem Steuerberater und/oder Rechtsanwalt beraten lässt, umso schneller kommt man in die notwendigen Themen fachkompetent hinein.

Steuerliche Aspekte

Inhaltsverzeichnis

© Springer-Verlag GmbH Deutschland, ein Teil von Springer Nature 2020
G. Bierling et al., *Zahnarztpraxis - erfolgreiche Übernahme und Gründung*, Erfolgskonzepte Zahnarztpraxis & Management, https://doi.org/10.1007/978-3-662-57812-4_14

14.1 Grundlagen

Zu Beginn der Tätigkeit in freier Praxis gibt es viele Dinge, die neu sind. So stellen vor allem die steuerlichen Pflichten als Selbstständiger und Arbeitgeber für viele Neuland dar. Dieses Kapitel widmet sich daher allem, was man über das Thema Steuern wissen sollte.

14.1.1 Allgemeines

Anders als ein angestellter Zahnarzt, der ein festes Gehalt bezieht, muss der selbständige Zahnarzt seinen Gewinn selbst ermitteln. Dieser Gewinn stellt ein Einkommen dar, welches versteuert werden muss. Als Zahnarzt gehört man steuerlich gesehen der Gruppe der Freiberufler an. Gesetzlich ist jeder Freiberufler verpflichtet, dem Finanzamt Auskunft darüber zu geben, welchen Gewinn er in einem Jahr erwirtschaftet hat. Im Gegensatz zu anderen Selbständigen ist der Freiberufler jedoch nicht verpflichtet, „Bücher zu führen". Die Gewinnermittlung findet vielmehr als eine sogenannte Geldflussrechnung statt. Die Einnahmen werden den Ausgaben gegenübergestellt und der sich daraus ergebende Saldo ist dann der Gewinn der Rechnungsperiode. Es wird also nicht darauf abgestellt, welche Leistung in diesem Jahr erbracht wurde, sondern nur, welche Leistungen sich in Zahlungsströmen niederschlagen haben.

14.1.2 Formelle Aspekte

14.1.2.1 Meldung beim Finanzamt

Zu beachten ist, dass jeder, der sich selbständig macht, die Verpflichtung hat, sich bei dem für ihn zuständigen Finanzamt anzumelden. Dies erfolgt über einen sogenannten „Fragebogen zur steuerlichen Erfassung" (auch Betriebseröffnungsbogen genannt). Das Finanzamt möchte durch diesen unter anderem folgende Fragen mit dem Existenzgründer klären:

- Welche Tätigkeit wird ausgeübt, welche Rechtsform hat das Unternehmen und wer ist Betriebsinhaber?
- Sind Umsatzsteuer- und Lohnsteuervoranmeldungen abzugeben?
- In welcher Höhe sind Einkommensteuerbeziehungsweise Körperschaftsteuervorauszahlungen zu leisten?
- Auch Angaben zur Gewinnerwartung und zu anderen Einkunftsarten sind für die Festsetzung der Einkommensteuervorauszahlung erforderlich.

Bei der Angabe zur Gewinnerwartung sollte man sich nicht von kurzfristigen Liquiditätserwägungen leiten lassen und die Gewinne zu niedrig ansetzen. Zum einen wäre dies unter Umständen steuerstrafrechtlich problematisch. Zum anderen sollte beachtet werden, dass bei zu niedrigen Vorauszahlungen gegebenenfalls später kurzfristig für zwei bis drei Jahre nachgezahlt werden muss, was – insbesondere bei Existenzgründern – zu ernsthaften finanziellen Engpässen führen kann. Eine freiwillige Anpassung nach oben kann daher sinnvoll sein.

■ **Beispiel**

Frau Dr. B lässt sich im Jahr 2017 als Zahnärztin nieder. Aufgrund der guten Annahme der Praxis in der Bevölkerung laufen die Geschäfte sehr gut. Dies führt jedoch auch dazu, dass Frau Dr. B nicht dazu kommt, die Unterlagen für den Steuerberater zusammenzustellen. Die Unterlagen reicht sie im dritten Quartal 2018 bei ihrem Steuerberater ein. Aufgrund der großen Menge an eingereichten Unterlagen kann dieser die Steuererklärung erst im Dezember 2018 fertigstellen und elektronisch an das Finanzamt übermitteln. Das Finanzamt erlässt am 10. Februar 2019 den Einkommensteuerbescheid 2017. Danach muss Frau Dr. B für 2017 Einkommensteuer, Solidaritätszuschlag und Kirchensteuer in Höhe von 50.000,00 EUR nachzahlen. Dieser Betrag wird am 10. März 2018 zur Zahlung fällig. Gleichzeitig erlässt das Finanzamt Vorauszahlungsbescheide für das Jahr 2018 und die folgenden Jahre. In dem Vorauszahlungsbescheid für 2018 nimmt das Finanzamt ein dem Jahr 2017 entsprechendes zu versteuerndes Einkommen an und kommt zu einer Vorauszahlung in Höhe von 50.000,00 EUR. Auch diese Zahlung wird am 10. März 2019 fällig. Für das erste Quartal 2019 setzt das Finanzamt aufgrund gleicher Erwägungen zum 10. März (und folgend auch zum 10. Juni, 10. September und 10. Dezember) Vorauszahlungen in Höhe von jeweils 12.500,00 EUR an. Insgesamt muss Frau Dr. B am 10. März 2019 demnach 112.500,00 EUR an das Finanzamt überweisen.

Es sollten daher möglichst frühzeitig Rücklagen geschaffen werden. Außerdem empfiehlt es sich, die Buchhaltung zumindest quartalsweise durch den Steuerberater erstellen zu lassen. Dieser ist sodann in der Lage, zum zweiten und/oder dritten Quartal eine Hochrechnung abzugeben, was für das laufende Jahr an Steuern anfällt.

14.1.2.2 Zuständigkeit

Welches Finanzamt zuständig ist, hängt von mehreren Faktoren ab. Für die Bearbeitung der Einkommensteuererklärung ist grundsätzlich das Finanzamt zuständig, in dessen Bezirk der Steuerpflichtige zum Zeitpunkt der Abgabe der Steuererklärung seinen Wohnsitz oder seinen gewöhnlichen Aufenthalt hat. Im Fachjargon spricht man daher auch vom Wohnsitzfinanzamt.

Ist die Praxis in einer Ortschaft gelegen, die zu einem anderen Finanzamtsbezirk gehört, so ist das Praxisergebnis nicht nur unmittelbar dem Wohnsitzfinanzamt zu melden, sondern dem Finanzamt, in dessen Bezirk die Praxis ihren Sitz hat. Hier spricht man vom sogenannten Betriebsstättenfinanzamt. Dieses ist dann auch für die Entgegennahme der Lohnsteueranmeldungen für bestehende Arbeitsverhältnisse sowie eventuell zu erstellende Umsatz- beziehungsweise Gewerbesteuererklärungen zuständig.

14.1.2.3 Form

Bei der Einkommensteuer ist man grundsätzlich verpflichtet, die Steuererklärung elektronisch an die Finanzverwaltung zu übermitteln. Nur in seltenen Ausnahmefällen kann man noch Formulare verwenden.

Die Umsatzsteuererklärung ist schon seit dem Jahr 2011 elektronisch ans Finanzamt zu übermitteln. Zwar kann das Finanzamt auf Antrag in ganz extremen Fällen auf die elektronische Abgabe verzichten, die Chance, dass der Antrag genehmigt wird, ist allerdings sehr gering. Eine solche Genehmigung kommt nur in Betracht, wenn es einem Steuerpflichtigen persönlich oder wirtschaftlich unzumutbar ist, die Voranmeldung elektronisch zu übermitteln – zum Beispiel, weil der Steuerpflichtige keinen Computer hat und sich auch keinen leisten kann.

14.1.2.4 Frist

- **Grundsätzliches**

Wenn man zur Abgabe einer Steuererklärung verpflichtet ist, erwartet das Finanzamt bis zum 31. Juli des Folgejahrs die Abgabe Ihrer Einkommensteuererklärung.

In der Regel ist es allerdings kein Problem, mit einer plausiblen Begründung (Arbeitsüberlastung, Krankheit, fehlende Steuerbelege etc.) eine Verlängerung der Frist bis zum 31. Dezember des Folgejahres zu erreichen.

Wenn Sie sich von einem Steuerberater unterstützen lassen, verlängert sich die Frist sogar bis Ende Februar des Fortfolgejahrs.

Die Finanzämter dürfen die Abgabe der Steuererklärung aber auch vor Ablauf der genannten Fristen anfordern. Dies ist unter anderem dann der Fall, wenn für den vorangegangenen Veranlagungszeitraum die erforderlichen Erklärungen verspätet oder nicht abgegeben wurden, sich aus der Veranlagung für den vorangegangenen Veranlagungszeitraum eine hohe Abschlusszahlung ergeben hat, hohe Abschlusszahlungen erwartet werden oder die Arbeitslage der Finanzämter es erfordert.

■ **Besonderheiten bei der Umsatzsteuer**

Alle Unternehmer, die umsatzsteuerpflichtige Umsätze erbringen, müssen bis zum 10. Tag nach Ablauf des Voranmeldungszeitraumes eine Umsatzsteuervoranmeldung (UStVA) abgeben.

Beantragt der Unternehmer, der seine Umsatzsteuervoranmeldung monatlich beziehungsweise vierteljährlich abgibt, beim Finanzamt eine sogenannte Dauerfristverlängerung, so verlängert sich die Frist zur Abgabe der Umsatzsteuervoranmeldung um einen Monat. Unternehmer, die monatlich eine Umsatzsteuervoranmeldung abgeben, müssen eine sogenannte Sondervorauszahlung leisten, welche Quartalszahler hingegen nicht zu leisten haben.

Bis maximal 1000,00 EUR Umsatzsteuerschuld im Vorjahr muss der Unternehmer im laufenden Jahr keine Umsatzsteuervoranmeldungen abgeben. Liegt die Umsatzsteuerschuld aus dem Vorjahr zwischen 1000,00 EUR und 7500,00 EUR so muss der Unternehmer vierteljährlich eine Umsatzsteuervoranmeldung abgeben. Bei einer Umsatzsteuerschuld von mehr als 7500,00 EUR muss der Unternehmer die Umsatzsteuervoranmeldung monatlich abgeben.

Im Gründungs- und dem darauffolgenden Jahr müssen Gründer die Umsatzsteuervoranmeldung monatlich abgeben.

14.1.3 Steuerarten

14.1.3.1 Einkommensteuer

Einkommensteuer ist die Steuer, die jede natürliche Person auf ihre persönlichen Einkünfte zahlen muss. Jeder freiberuflich tätige Zahnarzt ist verpflichtet, eine Einkommensteuer zu erstellen und diese an das Finanzamt zu übermitteln. Der Einkommensteuer werden die unterschiedlichsten Einkunftsarten unterworfen. Hierunter fällt auch das Einkommen aus freiberuflicher Tätigkeit. Als Zahnarzt fällt man mit seinen Einkünften regelmäßig unter diese Einkunftsart.

14.1.3.2 Lohnsteuer

Bei der Lohnsteuer handelt es sich um eine besondere Form der Einkommensteuer. Jeder Arbeitgeber muss monatlich von dem Bruttolohn der Arbeitnehmer die auf diesen Lohn entfallende Lohnsteuer (Einkommensteuer) einbehalten und an das Finanzamt abführen.

14.1.3.3 Umsatzsteuer

Unternehmer, die umsatzsteuerpflichtige Umsätze erbringen, sind grundsätzlich verpflichtet, zu den gesetzlich festgelegten Terminen die Umsatzsteuervoranmeldung beziehungsweise die Umsatzsteuererklärung abgeben. Dabei ist es unerheblich, ob der Unternehmer Umsätze zu 7 oder 19 Prozent Umsatzsteuer erbringt. In der Umsatzsteuererklärung sind sämtliche Umsätze und die hierauf entfallende Umsatzsteuer des laufenden Jahres zu erfassen. Abgezogen wird hiervon die gezahlte Umsatzsteuer auf für die Praxis eingekauften Gegenstände und Leistungen.

14.1.3.4 Gewerbesteuer

Die Gewerbesteuer ist von der Finanzierungsfunktion her eine Gemeindesteuer. Der Gemeinde soll eine Möglichkeit geboten werden, die durch die Ansiedlung von Gewerbebetrieben entstehenden Mehrausgaben zu finanzieren. Nun wird die zahnärztliche Tätigkeit vom Grundsatz her zunächst mal als freiberuflich und nicht als gewerblich eingestuft. Dies kann sich jedoch in bestimmten Fallgestaltungen ändern.

Der Gewerbesteuer unterliegt der sogenannte „stehende Gewerbebetrieb". Bemessungsgrundlage für die Gewerbesteuer ist der Gewerbeertrag. Bei Personengesellschaften und Einzelunternehmen wird die Gewerbesteuer jedoch nur für den Teil des Gewerbeertrages erhoben, der den Betrag von 24.500,00 EUR übersteigt. Um der Selbstverwaltung der Gemeinden Rechnung zu tragen und auch den Wettbewerb zu erhalten, hat jede Gemeinde die Möglichkeit, die Höhe der

Gewerbesteuer durch die individuelle Festlegung eines sogenannten Hebesatzes zu beeinflussen.

14.1.3.5 Körperschaftsteuer

Die Körperschaftsteuer stellt eine der Einkommensteuer ähnliche Besteuerungsart dar. Sie wird jedoch nicht bei natürlichen Personen erhoben, sondern bei juristischen Personen, wie zum Beispiel einer GmbH.

14.2 Einkommensteuer

Die Grundlage der Besteuerung ist der Gewinn aus der selbständigen Tätigkeit. Der Gewinn wird steuerlich definiert als der Überschuss der Betriebseinnahmen über die Betriebsausgaben. Was sind nun aber Betriebseinnahmen und Betriebsausgaben und welche besonderen Sachverhalte muss man hier bedenken?

14.2.1 Gewinnermittlung

14.2.1.1 Praxiseinnahmen

Betriebseinnahmen sind Zugänge von Wirtschaftsgütern in Form von Geld oder Geldeswert, die durch den Betrieb veranlasst sind. Hierunter fallen nicht nur die Zahlungen Kassenzahnärztlicher Vereinigungen, anderen Kostenträgern oder Privatpatienten. Auch Vorteile (wie zum Beispiel „Incentive-Reisen"), die Pharmaunternehmen ihren (potentiellen) Abnehmern zu Gute kommen lassen, fallen, unabhängig von ihrer strafrechtlichen Beurteilung, hierunter.

14.2.1.2 Praxisausgaben

- **Grundsätzliche Überlegungen**

Betriebsausgaben sind sämtliche Ausgaben, die getätigt werden, um die Einkunftsquelle zu begründen oder zu erhalten.

Nicht nur die bei bereits eröffneter Praxis entstehenden Ausgaben mindern somit den Gewinn. Sobald die Praxisübernahme in Sichtweite gerät, sollte darauf geachtet werden, dass sämtliche hierdurch entstehenden Kosten separat erfasst werden. Die entsprechenden Belege hierrüber sollten aufgehoben werden, damit sie im Jahr der Ausgabe als vorweggenommene Betriebsausgaben steuermindernd berücksichtigt werden können. Darüber hinaus ist stets darauf zu achten, ob auch andere Tätigkeiten für die Praxisübernahme Kosten produzieren:

Beispiele für derartige Kosten:

- Kosten für die Schaltung einer Anzeige in einer Praxisbörse.
- Kosten für die Beauftragung eines betriebswirtschaftlichen Beraters, der den Wert der Praxis ermittelt und gegebenenfalls eine geeignete Praxis sucht.
- Beratungskosten für Rechtsanwälte oder Steuerberater.
- Der Kauf dieses Buches.

Auch Fahrten zu den Besuchen von Seminaren, deren Gegenstand die Praxisübernahme ist, stellen Ausgaben dar. Wenn sie nicht sowieso mit einem zum Praxisvermögen gehörenden Pkw gefahren werden, sollten gesonderte Aufzeichnungen geführt werden. Diese Fahrten können mit mindestens 0,30 EUR je gefahrenen Kilometer abgesetzt werden.

- **Geschäftswagen**
Betrieblich oder privat?

Ob das Fahrzeug zum Betriebs- oder Privatvermögen zählt, hängt davon ab, in welchem prozentualen Umfang es tatsächlich beruflich genutzt wird. Das Einkommensteuergesetz geht davon aus, dass ein Fahrzeug dem Betriebsvermögen dann zuzuordnen ist, wenn es zu mehr als 50 Prozent beruflich genutzt wird. Beruflich veranlasst sind alle Fahrten, die in einem tatsächlichen und wirtschaftlichen Zusammenhang mit der Praxis stehen. So sind zum Beispiel Haus- oder Altenheimbesuche, Fortbildungen, Fahrten zum Steuerberater, Fahrten des Arbeitnehmers mit dem Geschäftswagen für den Arbeitgeber und auch Fahrten zwischen der Wohnung und der Praxis beruflich veranlasste Fahrten.

Zu den Privatfahrten zählen insbesondere Fahrten an den Urlaubsort oder solche an Wochenenden zur Erholung, Fahrten zu Verwandten, Freunden, kulturellen oder sportlichen Veranstaltungen, Einkaufsfahrten, private Gaststättenbesuche, Mittagsheimfahrten oder auch Fahrten im Zusammenhang mit ehrenamtlichen Tätigkeiten sowie im Rahmen der Erzielung von Einkünften aus anderen Einkunftsarten (zum Beispiel aus einer selbständig ausgeübten Nebentätigkeit).

Die sogenannte Beweislast, ob das Fahrzeug zu mehr als 50 Prozent betrieblich genutzt wird, trägt der Steuerpflichtige. Um diesem Erfordernis Rechnung zu tragen, ist es nicht erforderlich, ein Fahrtenbuch zu führen. Der Umfang der betrieblichen Nutzung muss dargelegt und glaubhaft gemacht werden. Nach Auffassung der Finanzverwaltung genügen hierfür bereits Eintragungen im Terminkalender sowie einfache Aufzeichnungen über einen repräsentativen Zeitraum von in der Regel drei Monaten (ohne Urlaubszeit). Dabei reicht es aus, wenn die beruflich veranlassten Fahrten mit dem jeweiligen Anlass, der zurückgelegten Strecke und die Kilometerstände zu Beginn und am Ende der beruflichen Fahrt aufgezeichnet werden. Hierbei müssen die Aufzeichnungen zeitnah und nicht erst nachträglich anhand von Rechnungen, Tankquittungen etc. erfolgen.

Wurde der berufliche Nutzungsumfang des Fahrzeugs einmal dargelegt, kann für die folgenden Jahre von einem gleichartigen Nutzungsumfang ausgegangen werden. Ergeben sich allerdings wesentliche Änderungen bei dem Nutzungsumfang, so ist erneut eine Aufzeichnung zu erstellen. Dies ist beispielsweise der Fall, wenn sich Änderungen bei Art oder Umfang der Tätigkeit oder bei den Fahrten zwischen Wohnung und Betriebs- beziehungsweise Arbeitsstätte ergeben. Ein gesonderter Nachweis ist hingegen nicht erforderlich, wenn das Fahrzeug „typischerweise" überwiegend betrieblich genutzt wird. Dies ist beispielsweise der Fall, wenn sich aus der Tätigkeit ergibt, dass das Fahrzeug zu mehr als 50 Beispiel betrieblich genutzt wird (so bei Landärzten oder Ärzten, die in großem Umfang Hausbesuche machen) oder die Fahrten zwischen Wohnung und Betriebsbeziehungsweise Arbeitsstätte sowie die Familienheimfahrten bereits mehr als 50 Prozent der Jahreskilometerleistung ausmachen.

Ist festgestellt, dass das Fahrzeug zu mehr als 50 Prozent betrieblich genutzt wird, wird es zwangsläufig zum Betriebsvermögen gezählt. Das führt im Positiven dazu, dass sämtliche Ausgaben, die getätigt werden, als Betriebsausgaben den Gewinn mindern. Hierzu gehören die laufenden Betriebskosten, wie zum Beispiel Benzin, Wartung, TÜV, Kfz-Versicherung und Kfz-Steuern. Auch das Benzin, das getankt wird, wenn man eine Privatfahrt (zum Beispiel im Urlaub) tätigt, wird hiervon umfasst.

■ **1-Prozent-Regelung oder Fahrtenbuch?**
Wie bereits dargelegt, mindern also sämtliche Ausgaben als Betriebsausgaben den Gewinn. Es wird nicht unterschieden zwischen privaten und betrieblichen Ausgaben. Gleichwohl wird die private Nutzung berücksichtigt. Das Einkommensteuergesetz offeriert zwei Möglichkeiten, wie der private Nutzen Eingang in die Gewinnermittlung finden kann.

Zum einen kann der private Nutzen pauschal angesetzt werden. Dies erfolgt durch die sogenannte „1-Prozent-Methode". Hier muss außer der oben aufgeführten Aufzeichnung keine weitere formale Hürde genommen werden.

Für diejenigen, die den genauen privaten Nutzen berücksichtigt haben wollen, können diesen nach der sogenannten „Fahrtenbuchmethode" ermitteln. Die Wahl für die eine oder andere Methode muss für das gesamte Jahr einheitlich getroffen werden. Bei einem Fahrzeugwechsel im Laufe des Jahres kann aber unterjährig auch eine andere Ermittlungsmethode gewählt werden. Wird keine Wahl getroffen, erfolgt die Berechnung zwingend nach der 1-Prozent-Regelung.

Bei der 1-Prozent-Regelung wird der Nutzungswert pro Monat mit einem Prozent des auf 100,00 EUR abgerundeten inländischen

Bruttolistenpreises im Zeitpunkt der Erstzulassung zuzüglich der Kosten für – auch nachträglich eingebaute – Sonderausstattungen bemessen. Der Wert eines Autotelefons einschließlich Freisprecheinrichtung sowie der Wert eines weiteren Satzes Reifen einschließlich Felgen bleiben dabei außer Acht, erhöhen also den Wert des Fahrzeuges im Sinne der Regelung nicht. Maßgeblich sind nicht die tatsächlichen Anschaffungskosten des Fahrzeuges, sondern dessen inländischer Bruttolistenpreis zum Zeitpunkt der Erstzulassung laut Listenpreis der Hersteller. Dies führt dazu, dass Gebrauchtfahrzeuge ihren Reiz bei der Auswahl des Geschäftswagens verlieren, weil auch hier die Grundlage der Bruttolistenpreis, also der Neuwagenpreis und nicht der Gebrauchtwagenkaufpreis, ist. Andererseits kann dies auch dazu genutzt werden, Fahrzeuge als Firmenwagen zu wählen, die einen historisch geringen Anschaffungswert (wie zum Beispiel Young- und Oldtimer) haben.

Die Monatswerte sind nicht anzusetzen für volle Kalendermonate, in denen eine private Nutzung oder eine Nutzung zu Fahrten zwischen Wohnung und Betriebsstätte ausgeschlossen ist (zum Beispiel Krankenhausaufenthalt und Urlaub).

Werden mehrere Fahrzeuge auch privat genutzt, ist die Nutzungsentnahme grundsätzlich für jedes auch privat genutzte Kfz anzusetzen, unabhängig davon, ob es der Unternehmer selbst fährt oder seinem Ehepartner beziehungsweise Kind überlässt.

Fahrten von der Wohnung zum Betrieb sind mit der 1-Prozent-Regelung nicht abgegolten, sondern zusätzlich zu korrigieren:

- Fahrten zwischen Wohnung und Betrieb: 0,03 Prozent des Bruttolistenpreises × Entfernungskilometer × Monate

Berechnungsbeispiel:

Nutzung für Fahrten zwischen Wohnung und Praxis in A-Stadt: 0,03 % von 50.000 EUR × 30 km × 12 Monate =	5400,00 EUR	
Abzüglich abzugsfähiger Fahrten zwischen Wohnung und Praxis in A-Stadt: 178 Tage × 30 km × 0,30 EUR =	1602,00 EUR	3798,00 EUR
Nutzung für Fahrten zwischen Wohnung und Praxis in B-Stadt × 40 Tage =	2800,00 EUR	
Abzüglich abzugsfähiger Fahrten zwischen Wohnung und Betrieb in B-Stadt: 40 Tage × 100 km × 0,30 EUR =	1200,00 EUR	+ 1600,00 EUR
Dem Gewinn hinzuzurechnen insg.:		**5398,00 EUR**

Bei Gebrauchtfahrzeugen, abgeschriebenen Fahrzeugen sowie bei Kfz, bei denen keine größeren (Reparatur-)Kosten angefallen sind, kann es sein, dass der pauschale Korrekturwert für die private Nutzung höher ausfällt als die tatsächlich entstandenen Fahrzeugkosten. In diesem Fall ist die Gewinnkorrektur auf die Höhe der gebuchten Betriebsausgaben begrenzt.

Bei der Fahrtenbuchmethode sind die für das Fahrzeug insgesamt entstandenen Aufwendungen nachzuweisen. Aus dem Fahrtenbuch muss sich lückenlos das Verhältnis der Privatfahrten, der Fahrten zwischen Wohnung und Arbeitsstätte, der Familienheimfahrten und der sonstigen Fahrten ergeben. Ansonsten wird der pauschale Nutzungswert (1-Prozent-Methode) angesetzt. Die Fahrtenbuchmethode ist vor allem vorteilhaft, wenn das Fahrzeug nur in geringem Umfang für Privatfahrten genutzt wird, mehrere betriebliche Fahrzeuge durch eine oder mehrere Personen genutzt werden oder die Werte nach der 1-Prozent-Regelung die tatsächlich entstandenen Kosten für das Fahrzeug übersteigen.

Ein ordnungsgemäßes Fahrtenbuch enthält nach Auffassung der Finanzverwaltung mindestens die folgenden Angaben:

- Das amtliche Kennzeichen des Fahrzeugs, damit feststeht, für welches Fahrzeug das Fahrtenbuch geführt wird.
- Datum und Kilometerstand zu Beginn und am Ende jeder einzelnen betrieblich veranlassten Fahrt. Ein Fahrtenbuch mit gerundeten Kilometerangaben ist nicht ordnungsgemäß.
- Der Startort.
- Reiseziel und – bei Umwegen – darüber hinaus die Reiseroute.
- Reisezweck und aufgesuchte Geschäftspartner. Hierzu gehören die Angaben über den jeweils aufgesuchten Kunden oder Geschäftspartner oder des konkreten Gegenstands, wie zum Beispiel der Besuch einer Behörde, einer Zweigstelle oder einer Baustelle. Bloße Ortsangaben reichen aus, wenn sich der aufgesuchte Kunde oder Geschäftspartner aus der Ortsangabe zweifelsfrei ergibt. Dasselbe gilt, wenn sich dessen Name auf einfache Weise unter Zuhilfenahme von Unterlagen, die nicht ergänzt werden müssen, ermitteln lässt. Mehrere Teilabschnitte einer einheitlichen betrieblichen Reise können miteinander zu einer zusammengefassten Eintragung verbunden werden, wenn die einzelnen aufgesuchten Kunden oder Geschäftspartner im Fahrtenbuch in der zeitlichen Reihenfolge aufgeführt werden. Wird eine betriebliche Fahrt für private Erledigungen unterbrochen, ist dies im Fahrtenbuch zu dokumentieren. Der aufgesuchte Kunde oder Geschäftspartner ist auch dann genau zu bezeichnen, wenn diese Angabe in bestimmten Einzelfällen dem Datenschutz unterliegt. Allgemeine Angaben wie zum Beispiel „Kundenbesuch" genügen nicht, da sie

eine private (Mit-)Veranlassung der Fahrt nicht objektiv nachprüfbar ausschließen.
- Anzahl und Gesamtbetrag der gefahrenen Kilometer.

Grundsätzlich werden also hohe Anforderungen an das Fahrtenbuch gestellt. Das Finanzamt darf das Fahrtenbuch nicht bereits wegen kleinerer Aufzeichnungsmängel (wenn beispielsweise die aufgezeichneten Kilometerstände nicht exakt mit denen der Werkstattrechnungen übereinstimmen) verwerfen, wenn es ansonsten plausibel ist und die zutreffende Aufteilung der Kosten gewährleistet. Insgesamt sollte jedoch besondere Sorgfalt an die Erfüllung der Pflichten gelegt werden. Zweifel gehen zulasten des Steuerpflichtigen und führen zwingend zur Anwendung der 1-Prozent-Methode.

- **Geschäftliche Nutzung zwischen 10 Prozent und 50 Prozent**

Liegt die geschäftliche Nutzung zwischen 10 und 50 Prozent, so kann man wählen, ob das Fahrzeug vom Betriebs- oder Privatvermögen umfasst werden soll. Weist man das Fahrzeug dem Betriebsvermögen zu, handelt es sich um sogenanntes „gewillkürtes Betriebsvermögen".

Wenn der Anteil der betrieblich durchgeführten Fahrten durch ein ordnungsgemäß geführtes Fahrtenbuch ermittelt wird, können die auf den betrieblichen Anteil der Fahrten entfallenden Kosten als betrieblich angesetzt werden. Die betrieblichen Fahrten werden dann in Relation zur Gesamtfahrleistung beziehungsweise den insgesamt angefallenen tatsächlichen Kosten gesetzt. Der so ermittelte, auf die betrieblichen Fahrten entfallende Anteil an den Kosten, kann als Betriebsausgabe in Abzug gebracht werden.

Verbleibt das Fahrzeug im Privatvermögen, können die Kosten für betriebliche Fahrten mit dem Privatfahrzeug ohne Einzelnachweis in Höhe von 0,30 EUR pro betrieblich gefahrenem Kilometer als Betriebsausgabe angesetzt werden.

- **Abschreibung**

Beim Kauf einer Praxis beziehungsweise eines Praxisanteils, bestimmt sich der Preis in der Regel nicht nur an dem Wert der Gegenstände, die in der Zahnarztpraxis verwendet werden, sondern auch nach der Bindung der Patienten an die Praxis, da hieraus ja in Zukunft die Erträge erwirtschaftet werden; sogenannter Patientenstamm. Wie jedes andere Wirtschaftsgut auch unterliegt der Patientenstamm der „Abnutzung". Diese Abnutzung wird nicht dadurch bestimmt, dass am Ende der „Nutzungsdauer" die wirtschaftliche Unbrauchbarkeit steht. Vielmehr wird, wie es ja auch der Fall ist, angenommen, dass, je länger der „neue" Zahnarzt in der Praxis behandelt, die Patienten in ihm immer mehr „ihren" Zahnarzt sehen. Die Patientenbindung, also der Patientenstamm, geht demnach sukzessiv auf ihn über. Es wird weiter angenommen, dass dieser Prozess sich bei dem Erwerb einer Einzelpraxis schneller vollzieht (drei bis fünf Jahre), als beispielsweise bei dem Einstieg in eine aus mehreren Zahnärzten bestehenden Berufsausübungsgemeinschaft (6 bis 10 Jahre). Entsprechend wird die Abschreibung dieses Patientenstammes vorgenommen.

14.2.2 Arten der Gewinnermittlung

14.2.2.1 Einnahmen-Überschussrechnung

Wie zuvor bemerkt, ist man als Zahnarzt regelmäßig freiberuflich tätig. Als sogenannter Freiberufler erhält man steuerlich gesehen ein paar Privilegien. Zum einen muss man grundsätzlich keine Gewerbesteuer zahlen, was auch dazu führt, dass man, anders als ein Gewerbetreibender, grundsätzlich auf eine vereinfachte Form der Gewinnermittlung zugreifen kann, die sogenannte Einnahmen-Überschussrechnung (EÜR).

Durch die Einnahmen-Überschussrechnung, auch 4/3-Rechnung genannt, wird der Gewinn als Überschuss der Betriebseinnahmen über die Betriebsausgaben ermittelt.

- **Beispiel**

Frau Dr. B untersucht im Dezember 2016 eine Privatpatientin. Die Krankenkasse zahlt für die Untersuchung Ende Januar 2017 500,00 EUR.

In der Einnahmenüberschussrechnung für das Jahr 2016 tauchen die 500,00 EUR nicht auf, da zu diesem Zeitpunkt noch keine Zahlung erfolgt ist, also keine Betriebseinnahme vorlag.

Es gibt aber auch Ausnahmen vom reinen Zahlungsprinzip: Zum Beispiel werden Ausgaben für Anlagevermögen (beispielsweise für eine Behandlungseinheit) im Jahr der Anschaffung nicht in voller Höhe, sondern lediglich in Höhe der Abschreibung (z. B. ein Achtel des Kaufpreises) als Betriebsausgabe verrechnet.

14.2.2.2 Betriebsvermögensvergleich

Der Freiberufler kann seinen Gewinn aber nicht nur nach der Einnahmen-Überschussmethode ermitteln. Eine weitere Möglichkeit der Gewinnermittlung bildet der sogenannte Betriebsvermögensvergleich, auch „Bilanzierung" genannt. Hierbei wird rein formal gesehen nicht nur auf die Zahlungsflüsse abgestellt. Es wird das Betriebsvermögen, welches am Ende des Geschäftsjahres besteht, verglichen mit dem Betriebsvermögen, wie es am Anfang des Geschäftsjahres bestand. Zum Betriebsvermögen gehören als Aktiva das Anlagevermögen, Vorratsgegenstände (Verbandsmaterial etc.), Forderungen aus erbrachten Leistungen (Forderungen gegen die Kassenzahnärztliche Vereinigung, Abrechnungsgesellschaften, Privatpatienten etc.), Forderungen gegenüber der Bank und der Kassenbestand. Als Passiva werden Rückstellungen (das sind Verbindlichkeiten, die in ihrer Höhe, ihrem Zeitpunkt oder in ihrem Bestehen nach nicht sicher sind) und Verbindlichkeiten (beispielsweise gegenüber dem Finanzamt, gegenüber Sozialversicherungsträgern und Banken) erfasst.

▪ Beispiel

Frau Dr. B untersucht im Dezember 2016 eine Privatpatientin. Die Krankenkasse zahlt für die Untersuchung Ende Januar 2017 500,00 EUR.

In der Bilanz von Frau Dr. B für das Jahr 2016 tauchen sind die 500,00 EUR als Forderung gegenüber der Krankenkasse ergebniswirksam auf.

Die doppelte Buchführung bei einer Bilanz ist zwar aufwendiger als die einfache Aufstellung für eine Einnahmen-Überschussrechnung. Dafür ist sie aber auch wesentlich übersichtlicher und aussagekräftiger. Der Grund: In der Bilanz wird das gesamte Vermögen eines Unternehmens dargestellt. Sie gibt Auskunft darüber, woher das Vermögen stammt, ob aus eigenen oder fremden Mitteln. Die Bilanz ergibt darüber hinaus alle wichtigen Informationen, wenn Sie Ihre Zahlen noch für andere Zwecke als für das Finanzamt vorlegen wollen. Das ist zum Beispiel beim Bankgespräch oder beim Antrag auf Fördermittel notwendig. Hier reicht die Einnahmen-Überschussrechnung meistens nicht. Oft wird zusätzlich eine Vermögensaufstellung gefordert sowie eine Aufstellung der Einnahmen und Ausgaben, die in den gefragten Zeitraum gehören und noch nicht geflossen sind.

14.2.2.3 Besonderheiten bei Personengesellschaften

Steuerlich unterliegt eine Berufsausübungsgemeinschaft selbst nicht der Einkommensteuer. Es gilt hier das sogenannte „Transparenzprinzip". Die Gewinnanteile der beteiligten Zahnärzte werden über eine sogenannte „Gesonderte und einheitliche Gewinnfeststellung von Besteuerungsgrundlagen" auf Ebene der Berufsausübungsgemeinschaft festgestellt. Hier ist der Gewinn der Gesellschaft zu ermitteln und nach dem vereinbarten Gewinnverteilungsschlüssel zu verteilen. Zudem ist auf das Sonderbetriebsvermögen (SBV) zu achten. Hierzu zählen sämtliche Wirtschaftsgüter, die der Praxis oder dem Anteil an der Praxis dienen, jedoch nicht im Eigentum der Berufsausübungsgemeinschaft stehen. Vielmehr stehen diese im Eigentum der einzelnen Gesellschafter. Aber nicht nur unmittelbar in der Berufsausübungsgemeinschaft genutzte Gegenstände werden darunter gefasst, sondern auch Gegenstände, die mittelbar genutzt werden. Dazu zählt beispielsweise das eigene Auto, das zur Fahrt in die Praxis verwendet wird. Hat man als Gesellschafter zum Beispiel ein Auto, welches überwiegend für Fahrten zwischen Wohnsitz und Praxis genutzt wird und bei dem diese Fahrten und weitere betrieblich bedingte Fahrten mehr als 50 Prozent der Gesamtfahrleistung ausmachen, gehört dieses Auto zum Sonderbetriebsvermögen des Gesellschafters. Auch das Darlehen, welches der Anschaffung des Praxisanteils beziehungsweise der Gründung der Berufsausübungsgemeinschaft dient(e) und welches noch nicht zurückgezahlt wurde, gehört zum Sonderbetriebsvermögen. Nicht zuletzt fällt hierunter auch das Praxisvermögen, wenn es bei einer Praxisgründung durch die Zusammenlegung von zwei Praxen oder der Aufnahme eines Zahnarztes in eine bestehende Praxis nicht Eigentum der Berufsausübungsgemeinschaft wurde, sondern vom ehemaligen Alleininhaber weiter gehalten wurde. Andere Beispiele können Bilder, Skulpturen und Schreibtische sein, die vom jeweiligen Partner selbst bezahlt wurden.

Kauft man sich in eine Berufsausübungsgemeinschaft ein, so entfällt ein Teil des Entgeltes in der Regel auf den von den bisherigen Gesellschaftern erschaffenen Patientenstamm. Als selbst erschaffener, also von den Altgesellschaftern nicht gekaufter oder schon abgeschriebener Patientenstamm, wird dieser nicht in der Buchhaltung der Berufsausübungsgemeinschaft erfasst.

Tritt ein junger Zahnarzt neu in eine Berufsausübungsgemeinschaft ein oder wird eine solche mit einem schon tätigen Zahnarzt begründet, muss für den jungen Zahnarzt eine steuerliche Ergänzungsrechnung gemacht werden. In dieser und nicht in der Gewinnermittlung der Berufsausübungsgemeinschaft wird der Kaufpreis für den Patientenstamm und das (antieilige) Anlagevermögen erfasst und steuerlich abgeschrieben.

14.3 Umsatzsteuer

Dem einen oder anderen erscheint es befremdlich, zumindest im Rahmen der Praxisübernahme im zahnmedizinischen Bereich das Thema Umsatzsteuer anzusprechen. Leider ist es mittlerweile unablässig, sich mit diesem Thema zu beschäftigen.

14.3.1 Grundlagen der Umsatzsteuer

Zunächst soll ein Überblick über die Systematik der Umsatzsteuer gegeben werden. So unterliegen sämtliche Lieferungen und sonstigen Leistungen, die ein Unternehmer im Inland gegen Entgelt ausführt, der Umsatzsteuer. Als Unternehmer bezeichnet das Umsatzsteuergesetz jeden, der eine gewerbliche oder freiberufliche Tätigkeit ausübt. Gewerblich oder freiberuflich ist dabei jede nachhaltige Tätigkeit zur Erzielung von Ein-

nahmen, auch wenn die Absicht, Gewinn zu erzielen, fehlt. Auch die Tätigkeit als Zahnarzt dient der nachhaltigen Erzielung von Einnahmen und somit unterliegt auch er mit seiner Tätigkeit grundsätzlich den Regularien des Umsatzsteuergesetzes. Die Tätigkeit des Zahnarztes wird für den Großteil seiner abrechenbaren Leistungen von der Umsatzsteuerpflicht ausgenommen. Hierfür gibt es in dem Umsatzsteuergesetz Befreiungsvorschriften. Wer nun denkt, dass man sich damit sämtlicher Probleme entledigt hat, den belehren der deutsche und der europäische Gesetzgeber eines Besseren. Denn diese Befreiungsvorschriften sind begrenzt und insbesondere auch von der Auslegung europäischer Normen abhängig.

14.3.1.1 Befreiung im Rahmen der Tätigkeit als niedergelassener Zahnarzt

- **Grundsätzliches**

Befreit sind Heilbehandlungen im Bereich der Zahnmedizin, die im Rahmen der Ausübung der Tätigkeit als Zahnarzt durchgeführt werden.

Folgendes 3-stufiges Grundschema liegt dem zu Grunde:

1. Stufe: Liegt eine zahnmedizinische Tätigkeit vor?
2. Stufe: Welche Qualifikation hat der Leistende?
3. Stufe: Welches therapeutische Ziel wird verfolgt?

14

■ **Problembereiche in der laufenden Praxis**
Der historische Hintergrund der Befreiungsvorschrift zeigt, in welchem Rahmen diese gesehen werden muss. Grund für die Befreiung von der Umsatzsteuerpflicht war, dass der Gesetzgeber die Krankenkassen (als endgültige Kostenträger), von der Umsatzsteuerbelastung befreien wollte. Als richtungsweisend galt lange Zeit, dass alles, was nicht von der Krankenkasse ersetzt wird, auch nicht umsatzsteuerbefreit ist. Mittlerweile hat sich zwar eine an dem oben genannten Schema orientierte Rechtsauffassung durchgesetzt, ganz verflüchtigt hat sich die ursprüngliche Argumentationsschiene jedoch nicht, insbesondere auf Seiten der Finanzverwaltung. Hier gilt es, klar am Wortlaut des Gesetzes, gestützt auf die Rechtsprechung zu argumentieren. Hierdurch können jedoch nicht alle Tätigkeiten im zahnärztlichen Bereich unter die Befreiungsvorschrift subsumiert werden. Folgende Leistungen sind nicht umsatzsteuerbefreit:

— Kosmetische Operationen ohne Krankheitsbild,

— Tätigkeiten als Sachverständiger,

– Gutachten als Grundlage für Versicherungsabschlüsse,
– Gutachten zu Schadenersatzprozessen,
– Zahnverschönerungen (Bleeching) sowie
– Individuelle Gesundheitsleistungen (IGeL) ohne Krankheitsbezug.

Problematisch sind Tätigkeiten, bei denen die Einordnung nicht eindeutig ausfällt. So ist beispielsweise bei individuellen Gesundheitsleistungen jeweils eine Einzelfallabwägung zu treffen, ob die Behandlung einer Krankheit oder eine Prävention mit Krankheitsbezug vorliegt. Das ist zum Beispiel regelmäßig beim Bleeching der Fall, bei Veneers wird es schon schwieriger, genau abzugrenzen. Ästhetische Operationen und Behandlungen die dazu dienen, Personen zu behandeln oder zu heilen, bei denen aufgrund einer Krankheit, Verletzung oder eines angeborenen körperlichen Mangels ein Eingriff ästhetischer Natur erforderlich ist, sind umsatzsteuerbefreite Heilbehandlungen.

Stets mit Umsatzsteuer belastet sind Prothesen und kieferorthopädische Apparate. Dabei ist es gleichgültig, ob diese im Eigenlabor oder ob sie durch fremde Zahntechniker hergestellt werden. Da die Prothesen und Apparate auch durch Zahntechniker hergestellt werden dürfen, deren Leistungen aber immer der Umsatzsteuer, wenn auch zum ermäßigten Satz, unterliegen, muss auch der Zahnarzt auf derartig Leistungen Umsatzsteuer zahlen.

■ **Geräteüberlassung**
Wenn zur zahnärztlichen Ausübung die Anschaffung eines teuren Gerätes notwendig ist, ist es vernünftig, dieses Gerät auch optimal zu nutzen. Sollte die bestmögliche Ausnutzung nicht durch die eigene Tätigkeit erfolgen, kann man durchaus darüber nachdenken, das Gerät entgeltlich einem Kollegen zu überlassen. Hier ist jedoch Vorsicht geboten. Die Vermietung von Geräten zur Behandlung von Patienten durch einen anderen Zahnarzt stellt selbst sicherlich keine direkte Heilbehandlung dar. Sie ist zwar eine mit einer Heilbehandlung eng verbundene Tätigkeit, diese ist jedoch in diesem Fall nicht Bestandteil der Umsatzsteuerbefreiung und aus diesem Grund umsatzsteuerpflichtig – so zumindest die Auffassung der Finanzverwaltung. Wird der Zahnarzt selbst tätig, in dem er das Gerät nutzt, um für den Kollegen die Diagnostik durchzuführen, beispielsweise durch einen digitalen Volumentomographen, ist diese Leistung umsatzsteuerfrei. So zumindest der Europäische Gerichtshof unter Berufung auf die Mehrwertsteuersystemrichtlinie, die im gesamten Bereich der Europäischen Gemeinschaft unmittelbar gilt. Leider bildet gerade bei Heilbehandlungen das deutsche Umsatzsteuergesetz die Mehrwertsteuersystemrichtlinie nur unvollständig ab. Deshalb gibt es immer wieder Entscheidungen des Europäischen Gerichtshofes, die die Auffassung der deutschen Finanzverwaltung korrigieren.

14.3.1.2 Medizinische Versorgungszentren

Die Steuerbefreiung von zahnärztlichen Leistungen ist unabhängig von der Rechtsform, in der diese Leistungen erbracht werden. Auch ein zahnmedizinisches Medizinisches Versorgungszentrum, auch in der Rechtsform einer Gesellschaft mit beschränkter Haftung, erbringt die zahnmedizinischen Leistungen nach den o. g. Grundsätzen umsatzsteuerbefreit.

14.3.1.3 Praxisgemeinschaft

Das Umsatzsteuergesetz befreit auch Leistungen von Gemeinschaften gegenüber ihren Mitgliedern, wenn diese Zahnärzte sind, soweit diese Leistungen für unmittelbare Zwecke der Ausübung der heilbehandelnden Tätigkeit verwendet werden und die Gemeinschaft lediglich die genaue Erstattung des jeweiligen Anteils an den gemeinsamen Kosten fordert.

Gemeint sind hier unter anderem Praxis- oder Laborgemeinschaften. Die Leistungen bestehen unter anderem in der Zurverfügungstellung von medizinischen Einrichtungen, Apparaten und Geräten. Des Weiteren führen die Gemeinschaften beispielsweise mit eigenem medizinisch-technischem Personal Laboruntersuchungen, Röntgenaufnahmen und andere medizinisch-technische Leistungen an ihren Mitgliedern aus.

Da diese selbst nicht unmittelbar am Patienten tätig werden, somit nicht selbst unter die ursprüngliche Befreiungsnorm fallen, wollte der Gesetzgeber eine Möglichkeit schaffen, auch deren Leistungen gegenüber den beteiligten Zahnärzten als umsatzsteuerfrei zu behandeln. Damit soll sowohl Verwaltungsaufwand als auch Kosten gespart werden. Dieses Ziel wurde jedoch nicht, zumindest nicht ohne Hindernisse, erreicht. Folgende Probleme gilt es zu erkennen und in der Praxis dann auch zu umschiffen.

■ **Leistungen an die Mitglieder**

Zunächst spricht das Gesetz von der Befreiung von Leistungen der Gemeinschaft an ihre Mitglieder. Das bedeutet, dass das Mitglied (beziehungsweise der Gesellschafter) der Gemeinschaft auch der Leistungsempfänger ist.

Folgender Fall soll dies verdeutlichen:

Die Zahnärzte A und B sind wie auch die Berufsausübungsgemeinschaft D&E und Zahnarzt F an einer Laborgemeinschaft beteiligt. Diese erbringt Leistungen für die Berufsausübungsgemeinschaft bestehend aus A, B und C sowie der Berufsausübungsgemeinschaft bestehend aus D und E, dem Zahnarzt F und dem Zahnarzt G.

Umsatzsteuerfrei sind lediglich die Leistungen gegenüber der Berufsausübungsgemeinschaft A, B und C soweit sie auf Leistungen an A und B entfallen. Leistungen an den Zahnarzt C als Mitglied der Berufsausübungsgemeinschaft A, B und C sind dagegen umsatzsteuerpflichtig. Die Leistungen gegenüber der Berufsausübungsgemeinschaft D&E sowie dem Zahnarzt F sind unproblematisch umsatzsteuerfrei, da diese ja Gesellschafter der Praxisgemeinschaft sind. Unproblematisch umsatzsteuerpflichtig sind jedoch die Leistungen gegenüber dem Zahn-

arzt G, der wie Zahnarzt C kein Gesellschafter der Praxisgemeinschaft ist.

Die Anwendung der Steuerbefreiung setzt allerdings nicht voraus, dass die Leistungen stets allen Mitgliedern gegenüber erbracht werden. Es ist also nicht schädlich, wenn die Leistungen vorübergehend oder dauerhaft einem Mitglied nicht zur Verfügung gestellt werden.

■ **Für unmittelbare Zwecke der Erbringung von Heilberufeleistungen**

Unmittelbar in diesem Sinne werden die Leistungen verwendet, wenn die Mitglieder sie „direkt am Patienten" erbringen. Unterhält die Laborgemeinschaft beispielsweise ein MRT und überlässt es den Mitgliedern zur Untersuchung von Patienten, ist dies unproblematisch. Auch wenn Mitarbeiter der Praxisgemeinschaft hierzu benötigt werden, befinden wir uns immer noch bei der Überlassung für unmittelbare Zwecke. Beschafft und überlässt die Gemeinschaft ihren Mitgliedern Praxisräume, ist dieser Umsatz nicht nach in diesem Sinne befreit. Vielmehr handelt es sich hierbei um Leistungen, die in der Regel unter die Steuerbefreiung für die Vermietung von Grundstücken fallen und daher per se steuerfrei sind. Bei der Überlassung von EDV ist zu unterscheiden. Soweit die EDV Patientendaten enthält, die zur Behandlung benötigt werden, ist dies unproblematisch. Übernimmt die Gemeinschaft für ihre Mitglieder zum Beispiel die Buchführung, Rechtsberatung oder die Tätigkeit einer ärztlichen Verrechnungsstelle, handelt es sich um Leistungen, die nur mittelbar zur Ausführung von steuerfreien Heilbehandlungsleistungen bezogen werden und deshalb nicht von der Umsatzsteuer befreit sind. Dies gilt auch für die Leistungen von Reinigungskräften, die bei der Praxisgemeinschaft angestellt sind. Die Tätigkeit von letzteren sind in vollem Umfang umsatzsteuerpflichtig. Dies hat seine Grundlage in der europäischen Mehrwertsteuerrichtlinie, die besagt, dass die Steuerfreiheit bei ärztlichen Tätigkeiten keine

Wettbewerbsverzerrung darstellen darf. Tritt die Laborgemeinschaft also in den Wettbewerb mit anderen Anbietern, kann sie nicht auf die Privilegierung der Mehrwertsteuerbefreiung bestehen.

■ **Genaue Erstattung des jeweiligen Anteils der Kosten**

Was hierunter zu verstehen ist, lässt sich dem Gesetz nicht entnehmen. Auch die Finanzverwaltung hat sich hierzu noch nicht offiziell geäußert. Es ist aber zu vermuten, dass von der Finanzverwaltung eher strenge Maßstäbe an die Auslegung gesetzt werden. So ist es möglich, dass eine Aufteilung nach Köpfen, nach der Beteiligungsquote oder dem Umsatzschlüssel der Mitglieder nicht ausreichen wird.

14.3.1.4 Integrierte Versorgung

Bei der Überprüfung von Verträgen über integrierte Versorgung ist genau nachzuprüfen, welche Bestandteile für die Leistungen im Rahmen des Vertrages vergütet werden. Auch hier sind nur die unmittelbaren Heilbehandlungsleistungen steuerfrei. Beinhaltet der Vertrag auch die Verabreichung von Prothetik oder kieferorthopädischen Apparaten, so ist dieser Teil der Leistung umsatzsteuerpflichtig.

14.3.2 Folgen der Umsatzsteuerpflicht

Für den Fall, dass einzelne Leistungen in der Praxis als umsatzsteuerpflichtig anzusehen sind stellt sich die Frage, welche Folgen sich hieraus ergeben.

14.3.2.1 Kleinunternehmerregelung

Nicht in jedem Fall, in dem umsatzsteuerpflichtige Leistungen bestehen, ist man verpflichtet, Umsatzsteuer auszuweisen und diese an das Finanzamt abzuführen. Das Umsatzsteuergesetz hält für Bagatellfälle die Möglichkeit bereit, an sich steuerpflichtige Umsätze wie steuerfreie Umsätze zu behandeln. Wann ein Bagatellfall vorliegt, hängt von zwei Voraussetzungen ab und wird negativ abgegrenzt. Kleinunternehmer ist jeder, der im Vorjahr umsatzsteuerpflichtige Umsätze getätigt hat, die geringer als 22.000,00 EUR sind und im laufenden Jahr umsatzsteuerpflichtige Umsätze tätigt, die voraussichtlich geringer sein werden als 50.000,00 EUR.

Bei einer Neugründung ist in allein auf den voraussichtlichen Umsatz des laufenden Kalenderjahres abzustellen. Maßgeblich ist daher hier die Grenze von 22.000,00 EUR und nicht die Grenze von 50.000,00 EUR. Es kommt somit nur darauf an, dass nach den Verhältnissen des laufenden Kalenderjahres voraussichtlich die Grenze von 22.000,00 EUR nicht überschritten wird. Bei einer Gründung, die nicht am 1.1. eines Jahres stattfindet, sind die 22.000,00 EUR auf das Kalenderjahr zu verteilen. Je nachdem, wann die Gründung erfolgte, sind die anteiligen Werte maßgebend.

Werden beide Grenzen eingehalten, dann tritt der Zahnarzt umsatzsteuerlich nicht in Erscheinung. Wenn er will, kann er jedoch auf die Anwendung der „Kleinunternehmerregelung" verzichten und sich wie jemand behandeln lassen, der die Grenzen überschreitet.

In diesem Zusammenhang sei noch auf folgendes hingewiesen. Das Umsatzsteuergesetz geht bei sämtlichen Regelungen von einem einheitlichen Unternehmerbegriff aus. Das bedeutet, egal in welcher Beziehung die einzelne Person umsatzsteuerlich zu Tage tritt, es werden sämtliche Leistungen als von dieser Person erbracht angesehen.

■ **Beispiel**

Frau Dr. B ist Zahnärztin und mit Herrn B verheiratet. Im Erstjahr ihrer freiberuflichen Tätigkeit erzielt sie erlöse aus Prothetik von 20.000,00 EUR. Neben der Praxistätigkeit ist Frau Dr. B noch als Gerichtsgutachterin tätig. Hierfür erhält sie jährlich Honorare in Höhe von 5000,00 EUR. Frau Dr. B unterhält auf ihrem Hausdach eine Photovoltaikanlage. Diese erwirtschaftet 2000,00 EUR.

Wäre Frau Dr. B in einer zahnärztlichen Berufsausübungsgemeinschaft tätig und beide Gesellschafter zusammen hätten Einkünfte aus Prothetik von jeweils 20.000 EUR, werden diese zusammengerechnet, so dass die Berufsausübungsgemeinschaft im umsatzsteuerlichen Sinn der grundsätzlich umsatzsteuerpflichtige Unternehmer ist. Die Berufsausübungsgemeinschaft unterfällt mit 40.000 EUR umsatzsteuerpflichtigen Umsätzen nicht mehr der Kleinunternehmerregelung.

Frau Dr. B fällt aber mit ihren grundsätzlich umsatzsteuerpflichtigen Umsätzen als Gerichtsgutachterin und der Photovoltaik unter die Kleinunternehmerregelung.

14.3.2.2 **Umsatzsteuerausweis/ Abführung**

Werden die Umsatzgrößen überschritten, so muss Umsatzsteuer an das Finanzamt abgeführt werden. Die Höhe der Umsatzsteuer bemisst sich rein nach dem Entgelt, das für die Leistung eingenommen wurde. Wurde eine Rechnung erstellt, ohne Umsatzsteuer auszuweisen, so sieht das Umsatzsteuergesetz in dem Zahlbetrag das Entgelt, also den Bruttobetrag, in welchem die abzuführende Umsatzsteuer enthalten ist. Auf Grundlage dieses Zahlbetrages wird dann die Umsatzsteuer ermittelt.

■ **Beispiel**
Für eine Individuellen Gesundheitsleistung hat Frau Dr. B 100,00 EUR vereinnahmt. Im Rahmen einer Betriebsprüfung wurde festgestellt, dass aufgrund Verbandstätigkeit, Photovoltaikanlage und umsatzsteuerpflichtiger Umsätze in ihrer Einzelpraxis ihre umsatzsteuerpflichtigen Umsätze seit Jahren über 22.000,00 EUR lagen. Das Finanzamt ermittelt nun auch aus den 100,00 EUR die Umsatzsteuer. Diese beträgt 15,97 EUR und muss an das Finanzamt abgeführt werden.

Das Problem liegt in zwei Dingen. Zum einen ist es vielfach nicht möglich, die Preise derart nachzuverhandeln, dass in unserem Fall Frau Dr. B nachträglich auf die Patienten zugeht und aus 100,00 EUR 119,00 EUR

macht. Dies führt in der Folge zum zweiten Problem: Der Gewinn aus den Individuellen Gesundheitsleistungen sinkt um 19 Prozent.

14.3.2.3 **Vorsteuer**

Als Vorsteuer bezeichnet man die Umsatzsteuer, die in Rechnungen enthalten ist, die der Unternehmer von anderen Unternehmern erhält. Im Gegenzug zur Umsatzsteuerpflicht hat der Unternehmer dann die Möglichkeit, diese Vorsteuer aus Leistungen, die er benötigt hat, um die umsatzsteuerpflichtigen Leistungen auszuführen, von seiner Umsatzsteuerpflicht abzuziehen.

■ **Beispiel**
Zur Ausführung der IGeL hat sich Frau Dr. B ein Gerät angeschafft. Dieses Gerät hat sie inklusive ausgewiesener Umsatzsteuer 1190,00 EUR gekostet. Die enthaltene Steuer in Höhe von 190,00 EUR kann Frau Dr. B von ihrer Umsatzsteuerpflicht abziehen. Ein möglicher Vorsteuerüberschuss würde ihr ausgezahlt werden.

Ein Vorsteuerabzug besteht für den Anteil an den umsatzsteuerfreien Umsätzen nicht. Das gilt auch für den Fall, dass die Kleinunternehmerregelung in Anspruch genommen wird. So kann für Leistungen, die die Heilbehandlungen betreffen, kein Vorsteuerabzug geltend gemacht werden. Leistungen, die beide Bereiche betreffen – wie zum Beispiel die EDV – müssen angemessen aufgeteilt werden.

14.3.2.4 **Rechnung**

Wenn Umsatzsteuerpflicht besteht, ist sowohl bei den umsatzsteuerpflichtigen Leistungen, die von einem selbst erbracht werden als auch für Leistungen, die man zur Durchführung der umsatzsteuerpflichtigen Leistungen erhält, die also im Rahmen des Vorsteuerabzuges geltend gemacht werden, darauf zu achten, dass ordnungsgemäße Rechnungen vorliegen. Folgende Inhalte müssen grundsätzlich enthalten sein:

— Vollständiger Name und Anschrift des leistenden Unternehmers,

- vollständiger Name und Anschrift des Leistungsempfängers,
- vom Finanzamt erteilte Steuernummer **oder** Umsatzsteuer-Identifikationsnummer des leistenden Unternehmers,
- Ausstellungsdatum,
- Rechnungsnummer,
- Menge und Art der gelieferten Gegenstände beziehungsweise Art und Umfang der sonstigen Leistung,
- Zeitpunkt der Lieferung oder sonstigen Leistung (Monatsangabe reicht),
- Entgelt, nach Steuersätzen und Steuerbefreiungen aufgeteilt und darauf entfallender Steuerbetrag,
- im Voraus vereinbarte Minderungen des Entgelts wie Rabatte, Boni, Skonti etc. sowie
- anzuwendender Steuersatz (19 oder 7 Prozent) oder im Fall einer Steuerbefreiung ein entsprechender Hinweis.

14.3.2.5 Umsatzsteuervoranmeldung

Steht schon fest, dass umsatzsteuerpflichtige Leistungen von über 22.000,00 EUR im Gründungsjahr erbracht werden, so muss man als Existenzgründer Umsatzsteuer-Voranmeldungen auf elektronischem Weg abgeben. Die abzuführende Steuer wird als Unterschiedsbetrag zwischen der eingenommenen Umsatzsteuer und der an Lieferanten gezahlten Umsatzsteuer berechnet. Für das Jahr der Neugründung und das folgende Jahr besteht eine monatliche Abgabeverpflichtung. Später richtet sich der Voranmeldungszeitraum nach der Umsatzsteuerschuld des Vorjahres.

Vorjahressteuer:	Anmeldungszeitraum:
bis 1000,00 EUR	jährlich
1000,00 bis 7500,00 EUR	vierteljährlich
über 7500,00 EUR	monatlich

Eine Dauerfristverlängerung für die Abgabe der Umsatzsteuer-Voranmeldungen sollten Sie nicht sofort stellen, sonst werden mögliche hohe Vorsteuerbeträge erst einen Monat später ausbezahlt. Achten Sie auf ordnungsgemäße Rechnungen, sonst verlieren Sie die Vorsteuer.

14.4 Gewebesteuer

14.4.1 Freiberuflichkeit und Gewerblichkeit

14.4.1.1 Das Grundproblem

Grundsätzlich sind die aus der zahn(-ärztlichen) Tätigkeit entstammenden Einkünfte als sogenannte freiberufliche Einkünfte zu qualifizieren. Zu unterscheiden ist die freiberufliche beziehungsweise selbständige Tätigkeit im Wesentlichen von der gewerblichen Tätigkeit. Historisch bedingt wurde davon ausgegangen, dass Freiberufler vorwiegend eigene geistige Arbeit verrichten und die durch eine qualifizierte Ausbildung erworbenen Kenntnisse im Vordergrund stehen, während für Gewerbetreibende der Kapitaleinsatz und handwerkliche Fähigkeiten bestimmend waren. Außerdem ist Voraussetzung, dass die Arbeitsergebnisse des Freiberuflers ihm unmittelbar zuzuschreiben sind, weil er leitend und eigenverantwortlich aufgrund eigener Fachkenntnisse tätig wird. Dies erfordert, dass die Unternehmensstruktur in höchstem Maße personenbezogen ist. Umgangssprachlich wird auch von der sogenannten Stempel- oder Prägetheorie gesprochen. Sämtliche Tätigkeiten im Unternehmen müssen den Stempel beziehungsweise die Prägung des Freiberuflers enthalten. Probleme können sich dann ergeben, wenn Vermischungsfälle vorliegen, wenn man also sowohl freiberuflich als auch gewerblich tätig wird, wenn die Stempeltheorie nicht durchgeführt wird oder wenn bei der Zusammenarbeit mit anderen Beteiligten diese selbst gewerblich tätig sind.

Dies ist insbesondere dann problematisch, wenn die gewerblichen Einkünfte in einer Berufsausübungsgemeinschaft anfallen. Hier besteht dann das Risiko, dass nicht nur die als gewerblich angesehenen Einnahmen entsprechend behandelt werden, sondern auch die eigentlich als freiberuflich eingestuften, also die zahnärztlichen Einnahmen, als gewerbliche behandelt werden. Letztere werden nach steuerlichen Maßstäben von den gewerblichen Einnahmen „infiziert". Man spricht landläufig von der sogenannten Infektionstheorie. Auch hier existieren jedoch Bagatellgrenzen. Einkünfte einer Berufsausübungsgemeinschaft, die hauptsächlich Einkünfte aus freiberuflicher Arbeit erzielt und daneben in geringem Umfang eine gewerbliche Tätigkeit ausübt, sind dann nicht insgesamt zu gewerblichen Einkünften umzuqualifizieren, wenn die gewerblichen Umsätze drei Prozent der Gesamtnettoumsätze und zusätzlich den Betrag von 24.500,00 EUR im Veranlagungszeitraum nicht übersteigen.

14.4.1.2 Einzelfälle

■ Gewerbesteuerrisiko aus der Tätigkeit

Aber wie kann es nun zu solchen gewerblichen Einkünften kommen? Zunächst ist es möglich, dass sogenannte originär gewerbliche Einnahmen anfallen. Originär gewerbliche Einnahmen sind solche, die auch von anderen Personen, also Nichtmedizinern vereinnahmt werden können. So sind dies bei Zahnärzten der Verkauf von Zahnpflegeprodukten, bei anderen Ärzten beispielsweise der Verkauf von Nahrungsergänzungsmitteln beziehungsweise von Heilhilfsmitteln.

■ Gewerbesteuerrisiko aus der Anstellung

Es ist grundsätzlich so, dass der Zahnarzt in eigener Niederlassung nicht sämtliche zahnärztlichen Tätigkeiten selbst erbringen muss. Er kann sich bei der Erbringung auch fachlich vorgebildetem Personal bedienen. Voraussetzung ist jedoch auch hier, dass jede Handlung, die das Personal erbringt, dem Praxisinhaber beziehungsweise den Praxisinhabern zugerechnet wird. Dies erscheint dann problematisch, wenn eine Überwachung der Tätigkeit nicht mehr oder nicht mehr ohne weiteres gewährleistet ist. Hier gibt es verschiedene Fallgruppen zu beachten.

■ Fachfremder Angestellter

Zum einen kann von keiner ordnungsgemäßen Überwachung ausgegangen werden, wenn der für den Zahnarzt Tätige selbst auf einem für den Arbeitgeber fachfremden Gebiet tätig ist. So ist es beispielsweise schädlich, wenn ein Zahnarzt einen Anästhesisten beschäftigt.

■ Vielzahl an Angestellten

Problematisch ist es auch, wenn der Zahnarzt nicht die Möglichkeit hat, die Angestellten zu überwachen, da es zu viele Mitarbeiter (angestellte Zahnärzte) sind.

■ Gewerbesteuerrisiko aus der räumliche Trennung

Auch die Überwindung von räumlichen Entfernungen kann problematisch werden. Dann nämlich, wenn hierdurch nicht mehr gewährleistet ist, dass die Leistung des angestellten Zahnarztes dem Dienstherrn nicht mehr zugeschrieben werden kann. Diese Problematik droht insbesondere bei ausgelagerten Praxisräumen oder Zweigpraxen. In diesen Fällen ist zu gewährleisten und zu dokumentieren, dass die wesentlichen diagnostischen Tätigkeiten mit dem Arbeitgeber beziehungsweise den Arbeitgebern abgesprochen wurden.

■ Gewerbesteuerrisiko aus der Kooperation

Zuletzt kann sich auch aus einer „unglücklich" gewählten Art der Zusammenarbeit ein Problem ergeben.

■ „Nullbeteiligung"

Zum einen wäre hier der Fall zu erwähnen, dass beispielsweise die Berufsausübungsgemeinschaft an einer gewerblich tätigen Gesellschaft beteiligt ist und hieraus Einnahmen erzielt. Hat eine zahnärztliche Berufsausübungsgemeinschaft beispielsweise einen Anteil an einer Gesellschaft, die Prophylaxeartikel verkauft, kann dies zu Problemen führen. Ein weiteres Problem kann die sogenannte „Nullbeteiligung" darstellen. Wird beispielsweise ein neuer Gesellschafter in einer Berufsausübungsgemeinschaft aufgenommen, stellt sich die Frage, inwieweit dieser am Kapital, am Ergebnis beziehungsweise an den Entscheidungsprozessen der Berufsausübungsgemeinschaft beteiligt werden soll. Zum einen stellt sich die Frage bei dem neu eintretenden Gesellschafter, der, wenn er sich einkauft ja den Praxisanteil finanzieren muss. Zum anderen stellt sich die Frage auch bei den bereits vorhandenen „Alt"-Gesellschaftern. Letztere sind oftmals geneigt, dem neu eintretenden Gesellschafter nicht sämtliche Rechte eines Gesellschafters einzuräumen. Hier ist jedoch Vorsicht geboten. Stellt sich der Gesellschafter nach außen nicht anders dar als ein Angestellter, wird er steuerlich auch als solcher behandelt. Wann ein Gesellschafter auch als solcher angesehen wird, ist umstritten. Das Steuerrecht erfordert hier die Stellung als sogenannter Mitunternehmer. Ähnlich wie im Sozialrecht setzt die Stellung als Mitunternehmer zwei Dinge voraus. Zum einen muss die Mitunternehmerinitiative vorliegen. Ein Gesellschafter muss demnach in die Entscheidungsprozesse eingebunden sein. So ist der Mitunternehmer auch bei der Einstellungen von Personal oder der Anschaffung von Praxisgeräten zu beteiligen. Zum anderen ist es erforderlich, dass das Mitunternehmerrisiko vorliegt. Dieses wird gemessen an der Beteiligung am Erfolg der Praxis. Kriterien hierfür sind unter anderem die Beteiligung am Gewinn sowie am Wert der Praxis. Erhält der Neugesellschafter eine reine Umsatzbeteiligung, so ist er in diesem Sinne nicht am Praxiserfolg beteiligt, da der Umsatz nur die Praxiseinnahmen, nicht aber die Praxisausgaben und somit nicht den wirklichen Praxiserfolg berücksich-

tigt. Ein weiteres Kriterium für das Vorliegen oder Nichtvorliegen eines Mitunternehmerrisikos ist die Beteiligung am Praxiswert. Ein wertbestimmender Faktor hierbei ist der Patientenstamm. Wird der Neugesellschafter dauerhaft von der Partizipierung hieran ausgeschlossen, spricht dies gegen das Innehaben eines Mitunternehmerrisikos. Nun mag man versucht sein zu sagen, dass dies doch für die Beurteilung der Einkünfte als freiberuflich dahinstehen kann. Dies sieht das oberste Finanzgericht, der Bundesfinanzhof, anders. Wird beispielsweise ein neuer Gesellschafter aufgenommen, der zwar eigenverantwortlich tätig ist, jedoch nicht am Vermögen und dem Gewinn der Gesellschaft beteiligt ist, so ist der neue Gesellschafter unter Umständen nicht als Mitunternehmer anzusehen, sondern als Angestellter. Die eigenverantwortliche Tätigkeit schließt aber, so der Bundesfinanzhof, die Überwachung im vorliegenden Fall aus. Die fehlende Überwachung führt dann dazu, dass die Tätigkeit des „Angestellten" nicht mehr in erforderlichem Maß dem Dienstherrn zugeschrieben werden kann. Dieses Fehlen der Stempeltheorie würde vorliegend zur Gewerblichkeit der entsprechenden und durch die Infektion der Einkünfte der gesamten Praxis führen.

- **Praxisgemeinschaft**

Bei Kostentragungsgemeinschaften ist weiter zu beachten, dass aus solchen keine Gewerbesteuerrisiken entstehen. Gewerbesteuerlich problematisch wird das Gesamtkonstrukt, wenn die Ressourcen, die in der Kostentragungsgemeinschaft gebündelt werden, zum Beispiel auch Dritten zugängig gemacht werden und hierfür ein Gewinnaufschlag verlangt wird. Beispiel hierfür wäre die Überlassung von Geräten, wie einem Computertomographen oder von Operationsräumen. Wird hierbei zusätzlich zum Gewinnaufschlag noch geschultes Personal überlassen, ist diese Überlassung grundsätzlich als gewerbesteuerpflichtig anzusehen.

14.4.2 Folgen der Feststellung der Gewerblichkeit

14.4.2.1 Bilanzierung

Die Folge der gewerbesteuerlichen Einordnung ist zum einen, dass man die Privilegien, die man als Freiberufler genießt, verliert. So ist es nicht mehr ohne weiteres möglich, seinen Gewinn in der einfachen Form als Einnahmenüberschussrechnung zu ermitteln. Dies kann als „Gewerbetreibender" nur erfolgen, wenn gewisse Bagatellgrenzen nicht überschritten werden. Voraussetzung ist, dass in zwei aufeinanderfolgenden Geschäftsjahren höchstens 500.000,00 EUR Umsatz und höchstens 50.000,00 EUR Gewinn erwirtschaftet werden. Überschreiten Sie die Umsatz- oder Gewinngrenze, so müssen Sie eine Bilanz erstellen.

14.4.2.2 Abschreibung „Patientenstamm"

Nach neuerer Rechtsprechung führt die Feststellung der Gewerblichkeit einer Praxis auch dazu, dass ein beim Kauf der Praxis gezahlter Mehrwert für den Erwerb der Patientenbindungen an die Praxis nicht mehr als freiberuflicher Patientenstamm angesehen wird. Die Gerichte gehen davon aus, dass es sich dann auch um einen gewerblichen Firmenwert handelt. Dieser ist nicht, wie der Patientenstamm zwischen drei und 6 Jahren abzuschreiben, sondern zwingend auf 15 Jahre abzuschreiben. Folge hiervon ist, dass durch die Streckung der Abschreibung in den einzelnen Jahren geringere Abschreibungen geltend gemacht werden können und somit ein höherer Gewinn entsteht.

14.4.2.3 Gewerbesteuerpflicht

Eine weitere Folge der Feststellung der Gewerblichkeit ist, dass die als gewerblich einzustufenden Einkünfte der Gewerbesteuer unterliegen.

Die Höhe der Gewerbesteuer kann von Gemeinde zu Gemeinde sehr unterschiedlich ausfallen, da die Gemeinden diese im Wesentlichen selbst festlegen. Hierdurch ist die Gewerbesteuer auch häufig ein Faktor bei der Standortwahl von Unternehmen. Um Steueroasen zu vermeiden, hat der Gesetzgeber festgelegt, dass jede Gemeinde einen Hebesatz von mindestens 200 Prozent anwenden muss. Die Berechnung der Gewerbesteuer erfolgt auf Basis des Gewerbeertrages. Aus diesem heraus wird der Gewerbesteuermessbetrag ermittelt. Der Gewerbesteuermessbetrag berechnet sich aus dem Gewerbeertrag unter Hinzurechnungen und Kürzungen multipliziert mit der Steuermesszahl, die auf 3,5 Prozent festgesetzt ist. Für die Berechnung wird der Gewerbeertrag auf 100,00 voll EUR abgerundet. Zusätzlich hat der Gesetzgeber einen Freibetrag für natürliche Personen und Personengesellschaften von 24.500,00 EUR eingeräumt. Nachdem der Steuermessbetrag festgesetzt worden ist, wird dieser mit dem Hebesatz der jeweiligen Gemeinde multipliziert. Von der Einkommensteuer abgezogen wird das 3,8-fache des Gewerbesteuermessbetrags. Diese Anrechnung beschränkt sich jedoch auf die im Erhebungszeitraum tatsächlich gezahlte Gewerbesteuer. Bis zu einem Hebesatz von ca. 390 Prozent wirkt sich die Gewerbesteuer somit nicht negativ auf die steuerliche Gesamtbelastung aus.

Steuerlich ist es egal, ob eine Berufsausübungsgemeinschaft oder ein Medizinisches Versorgungszentrum in Form einer Gesellschaft bürgerlichen Rechts oder einer Partnerschaftsgesellschaft betrieben wird.

14.5 Körperschaftsteuer

Wenn darüber nachgedacht wird, die zahnärztliche Tätigkeit im Rahmen einer Kapitalgesellschaft auszuführen, wird dies regelmäßig in Form einer GmbH passieren. Die GmbH muss bei ihrer Gründung ein Mindeststammkapital von 25.000,00 EUR haben, von dem zur Zeit der Gründung mindestens die Hälfte, also 12.500,00 EUR, eingezahlt sein muss. Die

Einzahlung des Stammkapitals kann durch Barmittel erfolgen. Eine weitere Möglichkeit ist auch hier die Einbringung der ehemaligen Praxis beziehungsweise Berufsausübungsgemeinschaft in die neu zu gründende GmbH. Für die Einbringung der Anteile an der Berufsausübungsgemeinschaft erhält dann jeder künftige GmbH-Gesellschafter Gesellschaftsanteile der neu gegründeten GmbH. Auch die Gründung einer Unternehmergesellschaft (haftungsbeschränkt), also einer UG, kann in Betracht kommen. Diese ist zwar ebenfalls eine GmbH und somit im steuerlichen Sinne körperschaftsteuerpflichtig, hier muss jedoch kein Stammkapital in Höhe von 25.000,00 EUR aufgebracht werden.

Die laufende Besteuerung der GmbH funktioniert anders als bei einer Personengesellschaft. Der Steuergesetzgeber geht bei einer Kapitalgesellschaft grundsätzlich von deren Eigenständigkeit aus. Das bedeutet, dass die GmbH beziehungsweise deren Gewinn selbst besteuert wird. Die relevanten Steuern sind hier die Körperschaft- und Gewerbesteuer. Wird für ein Medizinisches Versorgungszentrum die Rechtsform einer juristischen Person gewählt, unterliegen die Gewinne der Gesellschaft der 15-prozentigen Körperschaftsteuer. Zusätzlich fällt auch eine Gewerbesteuer an. Die Höhe richtet sich nach den örtlich geltenden Hebesätzen. Da das Zahnarztgehalt bei einer GmbH jedoch als gewinnmindernde Ausgabe Berücksichtigung findet, ist es möglich, die Steuern der GmbH auf ein Minimum zu reduzieren. Erwähnt sein sollte aber auch, dass eine GmbH bilanzierungspflichtig ist und die Jahresabschlüsse veröffentlicht, zumindest aber beim Handelsregister hinterlegt werden müssen.

Werden die Gewinne an die Gesellschafter ausgeschüttet, so können sie im Rahmen des sogenannten Teileinkünfteverfahrens zu 60 Prozent den persönlichen Steuersätzen der Gesellschafter unterworfen werden. Anschaffungskosten der GmbH-Anteile können steuerlich nicht wie bei der Personengesellschaft im Rahmen einer Abschreibung gewinnmin-

dernd berücksichtigt werden. Auch ist zu berücksichtigen, dass die Finanzierungskosten, also Darlehenszinsen nicht oder nur teilweise steuerlich geltend gemacht werden können.

14.6 Übergabestrategien

14.6.1 Gründung einer Übergangs-Berufsausübungsgemeinschaft

Aus unterschiedlichen Gründen kann es sinnvoll sein, die Praxis beziehungsweise den Praxisanteil nicht sofort zu kaufen, sondern nach Zwischenlösungen zu suchen. So wird beiden Parteien auch die Gelegenheit geboten, zu sehen, ob der potenzielle Nachfolger auch wirklich passt. Nicht zuletzt dient eine längere Arbeitszeit des Seniors auch dem gleitenden Übergang zwischen Alt- und Neuinhaber und somit der Patientenbindung und dementsprechend auch der Werterhaltung der Praxis.

Soll in eine bereits bestehende Praxis ein neuer Zahnarzt aufgenommen werden, so gründen die beiden Partner eine Berufsausübungsgemeinschaft. Hierbei gibt es für den neu Eintretenden nun, je nach Zielrichtung der Aufnahme, mehrere Möglichkeiten. Zunächst könnte der neu eintretende Zahnarzt dem bisherigen Praxisinhaber die Hälfte der Praxis abkaufen. Es ist aber auch möglich, dass sich beide einigen, der Berufsausübungsgemeinschaft gleich hohe Werte zur Verfügung zu stellen. Dann bringt der Praxisinhaber seine bisherige Einzelpraxis in die neue Berufsausübungsgemeinschaft ein und der eintretende Zahnarzt beispielsweise Geld in Höhe des Wertes der Einzelpraxis. Beide Modelle können kombiniert werden. Der Kaufpreis kann in Stufen (also nacheinander) gezahlt werden oder es kann vereinbart werden, dass der neu eintretende Zahnarzt sich, zunächst unter Verzicht eines gewissen Anteils am Gewinn, quasi „schleichend" einkauft. Begrenzt möglich ist es auch, den neu eintretenden Zahnarzt nicht am Vermögen zu beteiligen (sogenannte Nullbeteiligung). Diese muss aber gut durchdacht sein und kann keine dauerhafte Struktur bilden. Die Nullbeteiligung führt bei langfristiger Handhabung (mehr als 24 Monate) unter Umständen dazu, dass sowohl aus Sicht der Kassenzahnärztlichen Vereinigung als auch aus Sicht des Finanzamtes von einer versteckten Anstellung ausgegangen wird. Folge ist, dass im Rahmen der Abrechnung nicht mehr von einem Gesellschafter ausgegangen wird und unter Umständen Abrechnungsbetrug angenommen wird. Das heißt, dass Einnahmen über den Zeitraum der Geltung der Nullbeteiligung zurückgezahlt werden müssen und ein Strafverfahren eingeleitet wird. Steuerlich kann diese Nullbeteiligung dazu führen, dass rückwirkend Lohnsteuer abgeführt werden muss und die gesamte Praxis als Gewerbebetrieb angesehen wird. Das wiederum führt dazu, dass die Praxis rückwirkend gewerbesteuerpflichtig wird. Es ist daher dringend von solchen Konstellationen abzuraten.

14.6.1.1 Aufnahme gegen Geldeinlage

Wird der Juniorpartner unter der Maßgabe aufgenommen, einen dem Praxiswert entsprechenden Geldbeitrag zu leisten, geht das Steuerrecht davon aus, dass eine Berufsausübungsgemeinschaft gegründet wird, in die der Altpraxisinhaber seine Praxis einbringt und der Neupartner sein Geld.

■ **Beispiel**

Der abgabewillige Senior führt seit Jahren eine Einzelpraxis. In einem Gutachten wurde die gesamte Praxis mit einem Praxiswert von 300.000,00 EUR bewertet. Nun soll der Junior mit demselben Anteil an der künftigen Berufsausübungsgemeinschaft beteiligt werden, wie der Senior. Der Senior bringt seine Praxis in eine neu gegründete Berufsausübungsgemeinschaft ein. Um in derselben Höhe beteiligt zu sein, muss der neu

eintretende Zahnarzt ebenfalls einen Betrag in Höhe von 300.000,00 EUR auf das Konto der neuen Berufsausübungsgemeinschaft einzahlen. In der vorliegenden Konstellation ist es äußerst wichtig, dass das vom Junior eingezahlte Geld zur dauerhaften Verwendung in der Berufsausübungsgemeinschaft verbleiben muss und nicht entnommen werden darf. Anderenfalls kann hierin schnell ein Umgehungsgeschäft gesehen werden. Der Senior erhält also keine Kaufpreiszahlung, über die er allein verfügen kann.

Der Vorteil dieser Lösung für den Senior besteht darin, dass er zunächst keinen Veräußerungsgewinn versteuern muss. Nachteilig ist, dass der Junior den dem Praxiswert entsprechenden Geldwert aufbringen muss. Dies dürfte dann vorteilhaft sein, wenn ohnehin größere Investitionen aufgrund des Eintritts des Juniors anstehen.

In Bezug auf den Wertansatz der eingebrachten Einzelpraxis in der neugegründeten Berufsausübungsgemeinschaft besteht ein Wahlrecht. So kann die Berufsausübungsgemeinschaft den Patientenstamm als Wirtschaftsgut in den Büchern führen. Dies würde bei der neuen Berufsausübungsgemeinschaft zu einem erhöhten Abschreibungspotential führen, also eine Möglichkeit, den Gewinn der Praxis zu senken. Hier ist jedoch zu beachten, dass diese Möglichkeit mit einem hohen Preis erkauft werden muss. Wenn die Berufsausübungsgemeinschaft den Patientenstamm als Position ausweisen will, hat dies zur Folge, dass der Zahnarzt, der diesen Patientenstamm mitbringt, in dem Jahresabschluss, der der Neugründung der Praxis vorangeht, einen sehr hohen Gewinn (Buchgewinn) erzielt. Die höhere Abschreibung bei der Berufsausübungsgemeinschaft wird durch die Gewinnerhöhung beim einbringenden Zahnarzt erkauft. Diese Gewinnerhöhung kann der Zahnarzt zwar durch eine sogenannte Ergänzungsrechnung wieder neutralisieren, dies muss jedoch in demselben Abschluss vor dem Zusammenschluss bereits geschehen. Wichtig zu wissen ist hierbei, dass das Wahlrecht, ob der Patientenstamm in den Jahresabschluss der Berufsausübungsgemeinschaft kommt oder nicht, bei der Berufsausübungsgemeinschaft liegt und der einbringende Zahnarzt hierbei nicht alleine bestimmen kann. Um zu verhindern, dass zu seinem Nachteil und zum Vorteil der anderen entschieden wird, sollten in die bei dem Zusammenschluss zu schließenden Verträge entsprechende Regelungen aufgenommen werden.

Beim späteren Erwerb des Anteils des Seniors muss der Junior bei unveränderten Wertannahmen weitere 300.000,00 EUR zahlen. Diese Zahlung erfolgt direkt an den Senior und ist bei diesem, entsprechend den Regeln über den Verkauf einer Einzelpraxis, zu versteuern. Der Erwerber finanziert im ersten Schritt also keinen Kaufpreis, sondern die zusätzlichen Praxisinvestitionen. Erst in einem zweiten Schritt wird der Kaufpreis für die frühere Einzelpraxis des Seniors gezahlt.

Problematisch ist bei diesem Modell, dass nicht immer die Möglichkeit zu entsprechend hohen und betriebswirtschaftlich sinnvollen Investitionen besteht. Erfolgen diese Investitionen nicht, fehlt den Partnern die Abschreibung.

14.6.1.2 Aufnahme gegen Kaufpreiszahlung

Bei einem angenommenen Praxiswert von 300.000,00 EUR veräußert der Senior einen 50-Prozent-Anteil seiner Praxis an den Junior gegen Zahlung eines Kaufpreises von 150.000,00 EUR. Die Kaufpreiszahlung erfolgt in das Privatvermögen des Seniors zu dessen freien Verfügung.

Der Senior erzielt einen Veräußerungsgewinn in Höhe von 150.000,00 EUR abzüglich der Hälfte der Buchwerte seiner Einzelpraxis und eventueller Veräußerungskosten. Der Junior hat in Höhe seiner Kaufpreiszahlung zusätzliches Abschreibungsvolumen generiert.

Der große Nachteil dieser Lösung besteht darin, dass die Steuerbegünstigung des Seniors bezüglich des Veräußerungsgewinns wegfällt, da diese nur unter den Voraussetzung besteht, dass der Senior nach der Übertragung keine selbständige Tätigkeit mehr ausübt. Der Veräußerungsgewinn unterläge damit dem vollen Steuersatz. Erst bei der späteren Veräußerung der zweiten Praxishälfte stehen dem Senior die Steuervergünstigungen zu.

Etwas Anderes kann sich dann ergeben, wenn durch einen Verkauf in zwei Stufen ein ansonsten wegen Überschreitens der Kappungsgrenze entfallener Freibetrag (Berechnungsbeispiel folgt) doch noch realisiert werden kann. Der Freibetrag bezieht sich stets auf die gesamte Einzelpraxis beziehungsweise den gesamten Berufsausübungsgemeinschaftsanteil.

Die Praxis ist 300.000,00 EUR wert. Wird sie im Ganzen veräußert, so steht dem Veräußerer kein Freibetrag zur Verfügung. Veräußert er aber zunächst nur die Hälfte der Praxis, also 150.000,00 EUR – und zum Schluss wieder 150.000,00 EUR – so kann der Praxisinhaber bei dem zweiten Veräußerungsgeschäft einen Freibetrag geltend machen.

■ **Exkurs**

Gibt ein Zahnarzt seine selbstständige Tätigkeit vollständig auf, wird sein Veräußerungsgewinn mit 56 Prozent seines durchschnittlichen Steuersatzes besteuert. Liegt der Veräußerungsgewinn unter 136.000 EUR, hat er auch noch einen Freibetrag von 45.000 EUR. Nimmt er einen weiteren Zahnarzt als Gesellschafter auf, arbeitet er weiter. Da keine vollständige Aufgabe der Praxistätigkeit vorliegt, entfallen die steuerlichen Privilegien.

14.6.1.3 Aufnahme in Stufen

Eine weitere Übertragungsoption ist das sogenannte Stufenmodell. In der ersten Stufe wird dem Junior nur eine Minibeteiligung von zum Beispiel fünf Prozent verkauft. Hier wird die später noch näher zu erläuternde Steuervergünstigung des Veräußerungsgewinnes vom Verkäufer nicht in Anspruch genommen. Bei dem geringen Kaufpreis fällt der Nachteil der vollen Steuerpflicht nicht so ins Gewicht.

Nach mindestens einem Jahr erhöht der Junior seine Beteiligung auf 50 beziehungsweise 100 Prozent. Bleibt der Senior in der Praxis, kann die Steuervergünstigung nur gewährt werden, wenn der hälftige Praxisanteil im steuerlichen Sinn ein Teilbetrieb ist. Die halbe Praxis muss dann wie eine selbständige Praxis geführt werden und eine eigene Organisation haben. In der Praxis kommt dies nur bei getrennten Praxisräumen vor.

Da Freibetrag und halber Steuersatz nur einmal im Leben gewährt werden, stehen diese beim Verkauf der zweiten Praxishälfte dann nicht mehr zur Verfügung. Es verbleibt nur die Möglichkeit, die sogenannte Fünftelregelung anzuwenden.

Weiterhin muss darauf hingewiesen werden, dass die Anerkennung des Zweistufenmodells voraussetzt, dass der Junior nicht bereits von Anfang an ein Ankaufsrecht oder eine Ankaufspflicht für den zweiten Anteil hat, da sonst die Gefahr besteht, dass die Finanzverwaltung einen Gestaltungsmissbrauch annimmt und die steuerlichen Vorteile nicht gewährt.

Eine weitere Einschränkung ergibt sich aus der Tatsache, dass die steuerliche Begünstigung des Veräußerungsgewinnes auf der zweiten Stufe voraussetzt, dass eventuell vorhandenes steuerliches Sonderbetriebsvermögen anteilig mit übertragen wird. Befinden sich also zum Beispiel die Praxisräume im Betriebsvermögen des Seniors und werden von diesem an die Berufsausübungsgemeinschaft vermietet, so müssen im vorliegenden Beispiel in der zweiten Stufe auch 45 Prozent der Immobilie an den Junior verkauft werden. Dies ist eine in der Praxis oft nicht gewollte Voraussetzung.

14.6.1.4 Aufnahme gegen Gewinnverzicht

Ein weiteres probates Mittel, einen möglichen Nachfolger in die Praxis einzubinden, stellt die Möglichkeit dar, den Nachfolger in die Praxis aufzunehmen und zunächst nicht voll am Gewinn zu beteiligen. Bei einem Wert des 50-prozentigen Praxisanteils von 400.000,00 EUR und einem erwarteten Praxisgewinn von durchschnittlich 200.000,00 EUR könnte zum

Beispiel vereinbart werden, dass der Senior fünf Jahre lang 60 Prozent und der Junior 40 Prozent Gewinnanteil erhält. Erst danach würde die Gewinnverteilung 50:50 betragen. Damit bekäme der Senior mit 120.000,00 EUR jeweils 40.000,00 EUR mehr Gewinnanteil, in fünf Jahren also 200.000,00 EUR. Dies entspräche dem anteiligen Kaufpreis. Der Veräußerer verfügt über zusätzliche Liquidität, muss aber keinen Veräußerungsgewinn versteuern. Stattdessen versteuert er die zusätzlichen Gewinnanteile in den Folgejahren mit den dann geltenden Steuersätzen. Nachteilig ist, dass die Versteuerung zum vollen Steuersatz erfolgen muss und kein Freibetrag gewährt wird.

Wichtig ist, dass keine festen jährlichen Vorabgewinnanteile festgelegt werden dürfen. Nur der Prozentsatz der Gewinnbeteiligung darf verändert werden. Dass bedeutet, dass der genaue Kaufpreis bei Vertragsabschluss noch nicht feststeht. Dies ist erst nach Ablauf der Phase der geänderten Gewinnverteilung der Fall. Würden feste jährliche Vorabgewinnanteile festgelegt, würde ein Verkauf mit Ratenzahlung vorliegen, der zur sofortigen Versteuerung des gesamten Kaufpreises führen würde.

Insgesamt ist bei der Aufnahme von Nachfolgern zu beachten, dass diese als vollwertige Partner fungieren müssen. Dies ist insbesondere zu beachten bei der Teilhabe am Vermögen, an Gewinn und Verlust, an den stillen Reserven und an den Mitbestimmungsrechten. Es gibt diesbezüglich einen gewissen Spielraum, auch können Rechte nach und nach gewährt werden. Insgesamt sollte jedoch jeder aufgenommene Partner in absehbarer Zeit gleichwertige Rechte haben. Bei krassen und dauerhaften Unterschieden droht ansonsten Ungemach. So sind in den letzten Jahren Urteile ergangen, die bei entsprechenden Konstellationen Scheingesellschafter annahmen. Dies hatte in einem verhandelten Fall die Folge, dass immense Summen an die örtliche Kassenzahnärztliche Vereinigung zurückgezahlt werden mussten. In einem anderen Fall wurde geurteilt, dass es sich dann um eine insgesamt als gewerbesteuerpflichtig anzusehende Berufsausübungsgemeinschaft handelt.

14.6.2 Steuerliche Überlegungen bei der Gründung eines Medizinischen Versorgungszentrums

Auf die zulassungsrechtlichen Aspekte der Gründung eines Medizinischen Versorgungszentrums (MVZ) wurde bereits eingegangen. Steuerlich gesehen stellen sich hier diverse Fragen, unter anderem, in welche Form des Medizinischen Versorgungszentrums man sich begeben möchte. Wie bereits vorab beschrieben, ist der Begriff des Medizinischen Versorgungszentrums ein rein sozialrechtlich geprägter Begriff, der keine Rückschlüsse auf die Rechtsform zulässt. Ein Medizinisches Versorgungszentrum kann demnach als Personengesellschaft, Genossenschaft oder GmbH gegründet werden. Die Gründung eines Ein-Personen-MVZ ist nur in der Rechtsform der GmbH und auf einem sehr komplizierten Weg möglich. Die nächste Frage, auf die eingegangen wird ist, welches die Ausgangsbasis der Überlegungen ist, sinngemäß also „Woher komme ich als MVZ-Interessierter?". Möglich ist, dass man zunächst als Einzelpraxis niedergelassen war. Dies würde voraussetzen, dass man sich auf die Suche nach einem Kollegen macht, mit dem man sich eine Zusammenarbeit vorstellen kann. Ist man bereits in einer Berufsausübungsgemeinschaft verbunden, stellen sich diese Fragen natürlich erst einmal nicht.

14.6.2.1 Gründung einer MVZ-Personengesellschaft

Die Gründung einer MVZ-Personengesellschaft setzt zunächst voraus, dass mindestens zwei Personen gefunden werden, die das Medizinische Versorgungszentrum gemeinsam gründen. Nun gibt es viele Möglichkeiten, wie eine MVZ-Personengesellschaft gegründet werden kann.

■ **Alternative „Alt/Jung"**

Soll durch Aufnahme eines jungen Zahnarztes ein Medizinisches Versorgungszentrum in der Rechtsform der Personengesellschaft gegründet werden, gibt es steuerlich gesehen die gleichen Varianten wie bei der Gründung einer Berufsausübungsgemeinschaft.

■ **Alternative „Alt/Alt"**

Ist geplant, eine bereits bestehende Berufsausübungsgemeinschaft in ein Medizinisches Versorgungszentrum in Form einer Personengesellschaft zu überführen, so bestehen die Probleme lediglich im sozialrechtlichen beziehungsweise zulassungsrechtlichen Bereich. Rein steuerrechtlich betrachtet ändert sich nichts, da der Statuswechsel von einer Berufsausübungsgemeinschaft zu einem Medizinischen Versorgungszentrum in steuerlicher Hinsicht nichts daran ändert, dass es sich um dieselbe Mitunternehmerschaft, so der steuerliche Begriff, handelt.

■ **Gründung einer MVZ-Kapitalgesellschaft**

Regelmäßig wird die MVZ-Kapitalgesellschaft eine GmbH sein. Die GmbH muss bei ihrer Gründung ein Mindeststammkapital von 25.000,00 EUR haben, von dem zur Zeit der Gründung mindestens die Hälfte, also 12.500,00 EUR, eingezahlt sein muss. Die Einzahlung des Stammkapitals kann durch Barmittel erfolgen. Eine weitere Möglichkeit ist auch hier die Einbringung der ehemaligen Praxis beziehungsweise Berufsausübungsgemeinschaft in die neu zu gründende GmbH. Für die Einbringung der Anteile an der Berufsausübungsgemeinschaft erhält dann jeder künftige GmbH-Gesellschafter Gesellschaftsanteile der neu gegründeten GmbH.

14.7 Besonderheiten bei Praxis-, Apparate- und Laborgemeinschaften

Die Praxisgemeinschaft ist zu trennen von der Berufsausübungsgemeinschaft. In einer Praxisgemeinschaft üben die Zahnärzte ihren Beruf gerade nicht zusammen, sondern getrennt aus. Die Praxisgemeinschaft ist somit eine reine Kostenteilungsgemeinschaft.

Es ist anzumerken, dass keine Gewinnfeststellung im eigentlichen Sinne erfolgt, da ja keine Einnahmen generiert werden sollen. Daher sind bei den Kostentragungsgemeinschaften auch lediglich die anteiligen Kosten gesondert festzustellen.

14.8 Schenkung an das Kind als Praxisübernehmer

Die Schenkung hat als unentgeltliche Übertragung grundsätzlich keine einkommensteuerlichen Gewinnauswirkungen. Die Einkommensquelle des Elternteils geht als Gesamtobjekt auf das Kind über. Das Kind tritt dann in die Fußstapfen der Mutter oder des Vaters und führt auch einkommensteuerlich die Praxis als Nachfolger fort. Selbst wenn, zum Beispiel zur Finanzierung von Praxisinventar, Darlehen aufgenommen wurden und diese dann vom Kind übernommen werden, führt dies nicht zu einer entgeltlichen Praxisübernahme.

Ebenso wenig ist eine entgeltliche Praxisübernahme anzunehmen, wenn die Praxis übertragen wird und das Kind dem Elternteil die Zahlung einer privaten Versorgungsleistung zusagt. Wird eine Praxis an ein Kind übertragen und sichert dieses dem Übertragenden die Zahlung von Geldbeträgen zu, so wird in der Regel vermutet, dass es sich hierbei um Versorgungsleistungen handelt. Die Zahlungen sind wiederkehrende Bezüge und Sonderausgaben bei dem Kind und wirken sich so steuermindernd aus.

Eine Schenkungsteuer fällt in der Regel nicht an, da zusätzlich zu den allgemeinen Freibeträgen noch der Freibetrag für das Betriebsvermögen und der Bewertungsabschlag greifen.

14.9 Praxisübergang aufgrund Todes des Praxisabgebers

Wird die Praxis von einem Erben fortgeführt, der selbst Zahnarzt ist, erzielt dieser Einkünfte aus freiberuflicher Tätigkeit. Erfüllt er diese Voraussetzung nicht, so kann er die Praxis nicht fortführen. Die Praxis des Verstorbenen gilt so dann mit dessen Todestag als aufgegeben. Wird sie von einem Vertreter fortgeführt, so liegen Einkünfte aus einem Gewerbebetrieb vor. Wird die Praxis von einer Erbengemeinschaft fortgeführt, an der ein „Nichtzahnarzt" beteiligt ist, dann erzielt diese Erbengemeinschaft in vollem Umfang gewerbliche Einkünfte. Dies führt zur Gewerbesteuerpflicht des gesamten Praxisgewinnes.

Vereinbaren die Erben jedoch innerhalb von 6 Monaten nach dem Erbfall, dass allein der „Zahnarztmiterbe" die Praxis übernimmt, so erzielt dieser von Anfang an freiberufliche Einkünfte. Von einer Umwandlung in gewerbliche Einkünfte wird dann abgesehen.

Serviceteil

© Springer-Verlag GmbH Deutschland, ein Teil von Springer Nature 2020
G. Bierling et al., *Zahnarztpraxis - erfolgreiche Übernahme und Gründung*, Erfolgskonzepte
Zahnarztpraxis & Management, https://doi.org/10.1007/978-3-662-57812-4

Glossar

Absetzung für Abnutzung (AfA) AfA wird die steuerrechtlich zu ermittelnde Wertminderung von Anlagevermögen bezeichnet. Solche Abnutzungen sind im Grunde nach Betriebsausgaben oder Werbungskosten. „Absetzen" kann der Steuerpflichtige in jedem Jahr den Teil der Kosten, der sich bei einer Verteilung auf die voraussichtliche Nutzungsdauer als Betrag pro Jahr ergibt.

Alleinstellungsmerkmal/unique selling proposition (usp) Das Alleinstellungsmerkmal (auch unique selling proposition (usp) genannt) bezeichnet ein besonderes Nutzenversprechen, das mit einem bestimmten Produkt verbunden wird und welches sich deutlich vom Wettbewerb abhebt.

Apparategemeinschaft Eine Apparategemeinschaft ist in der Regel eine Gesellschaft bürgerlichen Rechts (GbR), in welcher sich die einzelnen Mitglieder vor allem aus Kostengründen bestimmter – medizinischer – Geräte bedienen.

Arbeitsverhältnis Das Arbeitsverhältnis ist gekennzeichnet durch eine rechtliche und soziale Beziehung zwischen Arbeitgeber und Arbeitnehmer, die durch einen – in der Regel schriftlichen – Arbeitsvertrag zustande kommt. Im Unterschied zum Dienstvertrag, in welchem der Dienstverpflichtete verspricht, eine bestimmte Leistung zu erbringen und dem Werkvertrag, in dem der Werkunternehmer einen Erfolg schuldet, genügt nach dem Inhalt des Arbeitsvertrages das bloße Tätigwerden.

Arbeitsvertrag Im Arbeitsvertrag, vgl. § 611 a BGB, sind die gegenseitigen Rechte und Pflichten zwischen dem Arbeitgeber und Arbeitnehmer geregelt. Das Arbeitsverhältnis ist dem Charakter nach, selbst bei seiner Befristung, ein Dauerschuldverhältnis.

Arztsitz (siehe auch Vertragsarztsitz) Der Arztsitz ist der Ort der Niederlassung als Arzt oder Medizinisches Versorgungszentrum (MVZ), für den bzw. für das die Zulassung erfolgt und an welchem der Versorgungsauftrag zu erfüllen ist. Vertragsarztsitz ist im engeren Sinn der konkrete Ort der Praxis, der durch die Praxisanschrift gekennzeichnet ist. **s. Zulassung**

Balanced Scorecard Die Balanced Scorecard ist ein betriebswirtschaftliches Instrument. Sie dient der ganzheitlichen Betrachtung und Steuerung aller Bereiche des Unternehmens im Hinblick auf dessen Visionen und Ziele.

Bankaval/Bankbürgschaft Die Bank übernimmt mit dem Bankaval Bürgschaften, Garantien oder ähnliche Verpflichtungen im Auftrag des Bankkunden. Der Bankkunde bleibt jedoch Schuldner der verbürgten Verbindlichkeit oder der zu erbringenden Leistung, während der Gläubiger des Bankkunden zugleich begünstigter Gläubiger aus der Bankbürgschaft ist. Aus Sicht der Bank bürgt diese für eine Eventualhaftung, weil sie zunächst davon ausgehen darf, dass der Bankkunde selbst die verbürgte Verbindlichkeit erfüllt oder die einem Dritten versprochene Leistung erbringt.

Behandlungsfehler Von einem Behandlungsfehler spricht man, wenn die medizinische Behandlung nicht nach den zum Zeitpunkt der Behandlung bestehenden, allgemein anerkannten fachlichen Standards erfolgt, soweit nicht etwas Anderes vereinbart ist, vgl. § 630 a Absatz 2 BGB. Ein Behandlungsfehler kann zu Schadensersatz- und Schmerzensgeldansprüchen des Patienten führen.

Behandlungsvertrag Der Behandlungsvertrag, geregelt in den §§ 630 a ff. BGB, ist ein zivilrechtlicher Vertrag, welcher zwischen dem Behandelnden und dem Patienten über die (in der Regel) entgeltliche Durchführung einer medizinischen Behandlung geschlossen wird. Durch den Behandlungsvertrag wird derjenige, welcher die medizinische Behandlung einem Patienten zusagt (Behandelnder) zur Leistung der versprochenen Behandlung, der andere Teil (Patient) zur Gewährung der vereinbarten Vergütung verpflichtet, soweit nicht ein Dritter zur Zahlung verpflichtet ist.

Alleinige Berufsausübung Der Arzt übt einen freien Beruf aus und ist somit kein gewerblicher Gesundheitsdienstleister. Er hat sich am Patientenwohl zu orientieren. Seine Tätigkeit ist von einem besonderen Vertrauensverhältnis zwischen Arzt und Patienten gekennzeichnet und muss der Komplexität der modernen Medizin, gegebenenfalls durch Hinzuziehung eines weiteren Experten, gerecht werden.

Gemeinsame Berufsausübung Jeder Arzt hat die Möglichkeit, sich zur gemeinsamen Berufsausübung mit anderen Ärzten zusammenzuschließen, beispielsweise in Form einer BGB-Gesellschaft oder Partnerschaftsgesellschaft. Im Vertragsarztrecht ist die ursprüngliche Gemeinschaftspraxis durch den Begriff „Berufsausübungsgemeinschaft" (BAG) ersetzt worden. Sie bedarf, nicht anders als die vertragsärztliche Einzelpraxis, der Zulassung durch den Zulassungsausschuss. Die gemeinsame ärztliche Berufsausübung kann außerdem in einem medizinischen Versorgungszentrum (MVZ) stattfinden.

Berufsrecht Das Berufsrecht umfasst alle diejenigen Rechtsvorschriften, welche die ärztliche Berufsausübung regeln; die Vorschriften obliegen der Gesetzgebungskompetenz der Länder, sind aber unterlegt durch eine sogenannte Musterberufsordnung, die bundesweit den jeweiligen Selbstverwaltungen deren Berufsordnungen (Satzungen) inhaltlich im Wesentlichen vorgibt.

Berufsunfähigkeit Unter Berufsunfähigkeit versteht man die dauernde krankheits-, unfall- oder invaliditätsbedingte Unfähigkeit einer Person, ihren Beruf auszuüben. Bei einer teilweisen Berufsunfähigkeit liegt eine Beeinträchtigung vor, aufgrund derer eine Person ihren Beruf nur noch zum Teil ausüben kann. Ob in Einzelpraxis oder in einer BAG oder einem MVZ tätig, sollte der Abschluss einer Berufsunfähigkeitsversicherung bedacht und in einem Vertrag über die gemeinsame ärztliche Berufsausübung unbedingt geregelt werden.

Bestechlichkeit (im Gesundheitswesen) In den Straftatbeständen §§ 299 a, 299 b StGB werden die bloße Eignung des Vorteils, eine heilberufliche Zuführungs-, Verordnungs- oder Bezugsentscheidung zu beeinflussen, unter Strafe gestellt. Es kommt nicht darauf an, dass eine (angestrebte bzw. vereinbarte) Bevorzugung tatsächlich auch erfolgt. Ziel ist es, materielle und immaterielle Vorteile zu unterbinden bzw. zu bestrafen, die als „Gegenleistung" dafür gewährt werden, dass bei einer (zahn-)ärztlichen Entscheidung, wie beispielsweise der Patientenzuführung oder dem Bezug zahntechnischer Leistungen für Patienten andere (z. B. einen anderen Leistungserbringer oder ein gewerbliches Zahntechniklabor) diese im Wettbewerb in unlauterer Weise, d. h. insbesondere unter Verstoß gegen berufs- oder sozialrechtliche Regelungen, bevorzugt werden. Neben dem Wettbewerb soll insoweit auch der Patient davor geschützt werden, dass z. B. Zahnärzte ihre patientenbezogenen Entscheidungen nicht allein am medizinischen Aspekt mit Blick auf das Patientenwohl, sondern an sachfremden wirtschaftlichen Eigeninteressen ausrichten.

Besteuerungsgrundlage Besteuerungsgrundlagen sind die tatsächlichen oder rechtlichen Verhältnisse, welche für die Steuerpflicht und für die Berechnung der Steuer maßgebend sind.

Betriebsaufgabe (im Ganzen) Eine Betriebsaufgabe im Ganzen liegt vor, wenn alle wesentlichen Betriebsgrundlagen innerhalb einer kurzen Zeit in einem einheitlichen Vorgang entweder in das Privatvermögen überführt oder an verschiedene Erwerber veräußert, teilweise veräußert und teilweise an das Privatvermögen überführt werden und damit der Betrieb als selbständiger Organismus des Wirtschaftslebens aufhört zu existieren.

Betriebsausgaben Betriebsausgaben sind – steuerlich betrachtet – Aufwendungen, die durch den Betrieb veranlasst sind, vgl. § 4 Absatz 4 Einkommensteuergesetz (EStG).

Betriebskosten In der Betriebswirtschaftslehre bezeichnen Betriebskosten den Werteverzehr im laufenden Geschäftsbetrieb; in der Immobilienwirtschaft sind mit Betriebskosten die laufenden Kosten einer Immobilie gemeint.

Betriebsübergang Ein Betriebsübergang liegt vor, wenn ein Betrieb oder ein Betriebsteil von einem neuen Inhaber übernommen wird. Das ist der Fall, wenn der Betrieb als technisch-organisatorische Einheit bei dem neuen Inhaber erhalten bleibt. Der neue Inhaber tritt dabei in alle im Zeitpunkt des Übergangs des Betriebes bestehenden Arbeitsverhältnisse ein. Kündigungen der Arbeitnehmer nur wegen des Betriebsübergangs sind unzulässig.

Betriebsvermögen Unter Betriebsvermögen wird die Summe alle dem Unternehmer zuzurechnenden Wirtschaftsgüter verstanden, die den Betrieb in tatsächlicher oder wirtschaftlicher Weise zu fördern eingesetzt werden. Die Betriebsvermögenseigenschaft ist für jedes einzelne Wirtschaftsgut steuerlich besonders zu prüfen.

Notweniges Betriebsvermögen Zum notwendigen Betriebsvermögen zählen Wirtschaftsgüter, die ihre Art und Beschaffenheit nach objektiv erkennbar zum unmittelbaren Einsatz im Betrieb bestimmt sind (z. B. Stuhl eines Zahnarztes, Fabrikgebäude, Maschi-

nen etc.). Als Besonderheit gilt bei Personengesellschaften (z. B. BAG): Wirtschaftsgüter im Gesellschaftseigentum bzw. im Gesamthandseigentum stellen stets notwendiges Betriebsvermögen dar.

Gewillkürtes Betriebsvermögen Das gewillkürte Betriebsvermögen bezeichnet Wirtschaftsgüter, die weder notwendiges Betriebsvermögen, noch notwendiges Privatvermögen sind (Grundstücke, Wertpapiere, Beteiligungen), wenn sie objektiv geeignet und bestimmt sind, den Betrieb zu fördern.

Betriebszweck Unter dem Betriebszweck versteht man das Ziel und die dauerhafte Tätigkeit des Unternehmens. Bei einem Zahnarzt besteht der Betriebszweck in der Erbringung von zahnmedizinischen Leistungen konservierender und prothetischer Art.

Bewertungsmethode „Eine" Methode zur Berechnung des Praxiswertes gibt es nicht. Es existiert eine Vielzahl an Wertermittlungsmethoden, die den Praxiswert, insbesondere den sogenannten Goodwill mit unterschiedlichen Schwerpunktsetzungen zu bewerten versuchen. Die gängigsten Praxiswertermittlungsmethoden sind die sog. Ärztekammer- und die modifizierte Ertragswertmethode.

Bundeszahnärztekammer (BZÄK) Die Bundeszahnärztekammer ist die Spitzenorganisation der ärztlichen Selbstverwaltung. Als Arbeitsgemeinschaft der 17 deutschen Zahnärztekammern ist die BZÄK ein Zusammenschluss von Körperschaften des öffentlichen Rechts. Dabei ist die BZÄK selbst keine Körperschaft, sondern ein nichteingetragener Verein. Sie unterstützt die Landesärztekammern, wobei sie inzwischen aber auch gesetzliche Aufgaben wahrnimmt.

Darlehen Bei einem Darlehen handelt es sich um einen schuldrechtlichen Vertrag, durch den einem Darlehensnehmer Geld oder eine andere vertretbare Sache auf Zeit zum Gebrauch überlassen wird. Im allgemeinen Sprachgebrauch werden die Begriffe „Darlehen" und „Kredit" im gleichen Sinne gebraucht. Der Darlehensnehmer ist verpflichtet, den geschuldeten Zins zu entrichten und bei Fälligkeit den vereinbarten Geldbetrag zurückzuzahlen und, sofern vereinbart, Sicherheiten zu bestellen.

Fälligkeitsdarlehen Bei einem Fälligkeitsdarlehen (auch Festdarlehen) wird der gesamte Darlehensbetrag erst nach Ende der Laufzeit gezahlt. Der Darlehensnehmer zahlt für das Darlehen während dessen Laufzeit ausschließlich Zinsen. Diese bleiben konstant, da sie i. d. R. nicht durch Tilgungen reduziert werden.

Annuitätendarlehen Bei einem Annuitätendarlehen handelt es sich um eine jährlich gleichbleibende Kapitaldienstleistung, wobei der Zinsanteil während der Laufzeit sinkt und der Tilgungsanteil steigt.

Datenschutz Datenschutz wird verstanden als Schutz vor missbräuchlicher Datenverarbeitung oder Schutz des Rechts auf informationelle Selbstbestimmung, Schutz des Persönlichkeitsrechts per Datenverarbeitung und auch Schutz der Privatsphäre. In der Medizin besteht ein besonderes Maß an Vertraulichkeit, das auch in der ärztlichen Schweigepflicht zum Ausdruck kommt. Insb. bei der Praxisübernahme/Praxisabgabe sind die Patientendaten in ihrer Vertraulichkeit solange zu schützen, als der Patient des abgebenden Arztes nicht konkludent oder ausdrücklich die Weiterbehandlung durch den übernehmenden Arzt wünscht. Neben dem Bundesdatenschutzgesetz des Bundes und der Länder ist die europäische Datenschutzgrundverordnung EU-DSGVO die wichtigste Rechtsmaterie.

Patientenkartei Eine solche zu führen ist verpflichtend für jeden Arzt. In ihr werden nicht nur die persönlichen Daten des Patienten aufgenommen, sondern auch dessen Arztbesuche dokumentiert. Es werden Diagnosen, verschriebene Medikamente und Überweisungen zu Fachärzten sowie Fortschritte in der Heilung schriftlich festgehalten. Die Unterlagen aus der Patientenkartei sind in verschlossenen Schränken aufzubewahren bzw. im Falle der digitalen Patientenakte durch ein Passwort zu schützen, dass nur der Arzt und seine unmittelbaren Mitarbeiter kennen dürfen. Auszüge aus der Patientenakte dürfen nur auf Grundlage der schriftlichen Einwilligung des Patienten herausgegeben werden; lediglich die Krankenkassen haben ein Recht auf Einsicht sowie der Patient selbst und die von ihm hierzu ermächtigten Personen.

Dokumentationspflicht Gem. § 630 f BGB ist der Behandelnde verpflichtet, zum Zweck der Dokumentation in unmittelbarem zeitlichen Zusammenhang mit der Behandlung eine Patientenakte in Papierform oder elektronisch zu führen. In der Patientenakte sind sämtliche aus fachlicher Sicht für die derzeitige und künftige Behandlung wesentlichen Maßnahmen und deren Ergebnisse aufzuzeichnen, insb. Anamnese, Diagnosen, Untersuchungen, Untersuchungsergebnisse, Befunde, Therapien und ihre Wirkungen, Eingriffe und ihre Wirkungen sowie Einwilligungen und Aufklärungen. Arztbriefe sind in die Patientenakte aufzunehmen. Der Behandelnde hat die Patientenakte für die Dauer von 10 Jahren nach Abschluss der Behandlung aufzubewahren, soweit nicht nach anderen Vorschriften andere Aufbewahrungsfristen bestehen. Die Dokumentationspflicht stellt eine wichtige Beweisfunktion für den Behandelnden dar, sollte es zu einem Arzthaftungsprozess kommen.

Einheitlicher Bewertungsmaßstab (EBM) Der EBM bestimmt den Inhalt der abrechnungsfähigen Leistungen und ihr wertmäßiges, in Punkten ausgedrücktes, Verhältnis zueinander. Auch für den Bereich des Zahnarztes ist ein solcher eindeutiger Bewertungsmaßstab (Bewertungsmaßstab zahnärztlicher Leistungen, kurz BEMA) maßgebend.

Einlagen Unter Einlagen versteht man die Überführung von finanziellen Mitteln aus dem Privatvermögen eines Unternehmers in sein Einzelunternehmen oder die Übertragung aus dem Privatvermögen eines Gesellschafters in das Vermögen der Gesellschaft. Dadurch erhöht sich das Eigenkapital des Unternehmens bzw. der Gesellschaft.

Bareinlage (Geldeinlage) Die Bareinlage ist die üblichste Form und kann durch Bareinzahlung oder Banküberweisung zugunsten der Gesellschaft vorgenommen werden. Um eine Bareinlage handelt es sich aber auch, wenn ein Dritter eine Zahlung an die Gesellschaft auf Rechnung des Gesellschafters leistet.

Sacheinlage Bei Sacheinlagen überträgt der Gesellschafter sein Eigentum an Sachgesamtheiten oder einzelnen Vermögensgegenständen (Grundstücke, Gebäude, Wertpapiere, Maschinen, Vorräte, Forderungen etc.) auf die Gesellschaft. Eine Sacheinlage kann auch in einer Nutzungsüberlassung liegen, wobei die Sacheinlage dann in Höhe einer fiktiven Mietzahlung entsteht. Sie kann auch in einer Dienstleistung, etwa einer unentgeltlichen Geschäftsführung (nur bei der Personengesellschaft) erfolgen. Dabei entsteht die Sacheinlage in Höhe eines fiktiven Geschäftsführergehalts.

Erbe Mit dem Tode einer Person tritt der Erbfall gem. § 1922 BGB ein und das Vermögen geht als Ganzes auf eine oder mehrere andere Personen als Erben über. Der Erbe kann kraft Gesetzes erben oder dadurch, dass er in einem Testament oder in einem Erbvertrag als Erbe eingesetzt worden ist. Je nach dem verwandtschaftlichen Grad des Erben zum Erblasser werden drei Steuerklassen unterschieden.

Finanzierung Finanzierung bezeichnet die Verwendung von Kapital, um ein Unternehmensziel verwirklichen zu können.

Eigenfinanzierung/Fremdfinanzierung Kommt das Kapital von außen, spricht man von Fremd- oder Kreditfinanzierung. Stammen dagegen die Mittel aus dem Unternehmen selbst (nach Bildung von Gewinnrücklagen pp.) spricht man von offener Selbstfinanzierung oder Eigenfinanzierung; bei Auflösung von stillen Reserven von einer verdeckten oder auch von stiller Selbstfinanzierung.

Fünftelregelung Mit der Fünftelregelung werden außerordentliche Einkünfte im Steuerrecht begünstigt. Außerordentliche Einkünfte werden über mehrere Jahre erwirtschaftet und in einem Jahr realisiert und besteuert. Um in diesem Jahr der Auszahlung einer zu hohen steuerlichen Belastung entgegenzuwirken, existiert die sog. Fünftelregelung. Zwar muss die gesamte Abfindung im Jahr der Auszahlung versteuert werden, jedoch wird der Steuersatz hierfür durch die Fünftelregelung ermäßigt.

(Gemeinschafts-)praxisanteil Der Gemeinschaftspraxisanteil ist die Teilhabe des ärztlichen (Mit-) Gesellschafters an dem Gesellschaftsvermögen der Gemeinschaftspraxis/ Berufsausübungsgemeinschaft.

Gesellschafterwechsel In einer ärztlichen Gesellschaft bürgerlichen Rechts (insbesondere Gemeinschaftspraxis, Berufsausübungsgemeinschaft) kann ein Gesellschafterwechsel nur mit Zustimmung des verbleibenden Gesellschafters bewerkstelligt werden. In den Gesellschaftsverträgen ist gerade für Tod und Berufsunfähigkeit eines Gesellschafters rechtlich vorzusorgen (Hinweis: Regelung einer Fortsetzungsklausel).

Gewerbebetrieb Im Unterschied zu einem freien Beruf ist ein Gewerbebetrieb jede selbständige nachhaltige Betätigung, die mit Gewinnerzielungsabsicht unternommen wird und sich als Beteiligung am allgemeinen wirtschaftlichen Verkehr darstellen wird und nicht Land- und Fortwirtschaft ist oder eben die Ausübung eines freien Berufes darstellt.

Gewinn In der Wirtschaftswissenschaft ist der Gewinn der Überschuss der Erträge über die Aufwendungen eines Unternehmens.

Gewinnbeteiligung Die Gewinnbeteiligung wird als eine Form des Arbeitsentgelts verstanden, die i. d. R. zusätzlich zu einem Festgehalt vereinbart wird. Sie ist von der in einem Gesellschaftsvertrag einer Gemeinschaftspraxis/Berufsausübungsgemeinschaft vereinbarten Gewinnverteilung zu unterscheiden.

Gewinnentzerrung Im Rahmen einer Praxisveräußerung führen der – laufende – Gewinn, der Übergangsgewinn sowie der Veräußerungs- und Entnahmegewinn zusammen zu einem hohen Steuersatz, wenn alles in einem Veranlagungszeitraum anfällt. Steuerlich beraten kann der Praxisabgeber beispielsweise durch Übergang von der Einnahmen-/Überschussrechnung zur Bilanzierung den laufenden Gewinn in das Vorjahr verlagern.

Gewinnverteilung Die Gewinnverteilung kann bei einer GbR (i. d. R. Gemeinschaftspraxis/Berufsausübungsgemeinschaft) zwischen den Gesellschaftern frei vereinbart werden; sie ist in der Regel abhängig davon, welche Anteile die jeweiligen Gesellschafter aus Vermögen der Praxis haben.

Gewinnverzicht Das sog. Gewinnverzichtsmodell ist eines von mehreren Standardmodellen der Praxisübertragung: der erwerbende Neugesellschafter verzichtet eine gewisse Zeit lang auf Teile des ihm nach dem allgemeinen Gewinnverteilungsschlüssel zustehenden Gewinns zu Gunsten des Altgesellschafters und erbringt auf diese Weise nach und nach den Kaufpreis für den Erwerb des Praxisanteils. Sofern allerdings die Höhe der Kaufpreisforderung von vornherein feststeht, behandelt die Finanzverwaltung dieses „Standardmodell" als entgeltliche Teilanteilsübertragung und rechnet den vereinbarten Kaufpreis bereits vom ersten Jahr an zum laufenden Gewinn des Altgesellschafters.

Günstigerprüfung Die Günstigerprüfung ist ein Begriff aus dem Steuerrecht. In den Fällen, in denen der Steuerpflichtige ein Wahlrecht hat, wird vom Finanzamt selbständig eine Überprüfung durchgeführt, welche die möglichen Varianten für den Steuerpflichtigen die steuerlich finanziell günstigste ist.

Haftung Die Haftung umschreibt das Einstehenmüssen für eine – aus einem Schuldverhältnis – herrührende Schuld. Von einer beschränkten Haftung spricht man, wenn der Schuldner nur mit einem Teil seines Vermögens einzustehen hat. Bei der unbeschränkten Haftung haftet der Schuldner vollumfänglich mit seinem ganzen Vermögen.

Investitionen Unter einer Investition wird der Einsatz von Kapital für einen bestimmten Verwendungszweck verstanden. Man unterscheidet Sachinvestitionen (Gebäude, Grundstück, maschinelle Anlagen, etc.) sowie immaterielle Investitionen (Lizenzen, Patente, Schutzrechte, etc.) und Finanzinvestitionen (Aktien, Anlagenbeteiligungen).

Investitionsabzugsbetrag Als Investitionsabzugsbetrag wird nach deutschem Steuerrecht eine den Gewinn außerhalb der Bilanz mindernde Rechengröße bezeichnet, die von dem investierenden (Unternehmer, Arzt) gem. § 7 g EStG für künftige Investitionen in Wirtschaftsgüter gebildet werden kann. Der Investitionsabzugsbetrag ermöglicht dem Unternehmen die Vorverlagerung von Abschreibungen in ein Wirtschaftsjahr vor der Anschaffung oder Herstellung eines Wirtschaftsgutes. Damit sinkt zwar im Jahr der Inanspruchnahme des Investitionsabzugsbetrages die Steuerbelastung, sie erhöht sich allerdings entsprechend in späteren Jahren.

Jobsharing Jobsharing im Vertragsarztrecht erlaubt in einem Planungsbereich, der wegen festgestellter Überversorgung für eine längere Zeit gesperrt ist, die vertragsärztliche Tätigkeit (im Rahmen eines Jobsharings) gemeinsam auszuüben. Beim Jobsharing unterscheidet man zwischen zwei möglichen Varianten: der Jobsharing-BAG und der Jobsharing-Anstellung. Dabei erhält der Jobsharing-Partner eine eingeschränkte Zulassung, die an die Zulassung des Vertragsarztes gebunden ist. Bei der Anstellung erhält der Vertragsarzt die Genehmigung, den Jobsharer bei sich, ohne einen zusätzlichen Angestelltensitz, zu beschäftigen. Das Jobsharing bedarf der Genehmigung durch den Zulassungsausschuss. Grundlegende Voraussetzung für ein Jobsharing ist die Fachgleichheit beider Ärzte.

Kassenzahnärztliche Vereinigung Kassenzahnärztliche Vereinigungen (KZV) sind in Deutschland gem. § 77 Absatz 5 des 5. Buches des Sozialgesetzbuchs (SGB V) Körperschaften des öffentlichen Rechts, denen alle Vertragszahnärzte angehören müssen. Sie sind für die vertragszahnärztliche Versorgung der gesetzlichen Krankenversicherung zuständig, wie auch die Kassenärztlichen Vereinigungen (KV). Es gibt in Deutschland 17 Kassenzahnärztliche Vereinigungen.

Kaufpreis Der Kaufpreis ist das in einem Kaufvertrag zwischen den Parteien vereinbarte Entgelt als Gegenleistung für den Kaufgegenstand.

Kaufpreiszahlung Der Anspruch des Verkäufers gegen den Käufer auf Kaufpreiszahlung ergibt sich aus § 433 Absatz 2 BGB und richtet sich auch auf die Abnahme der Kaufsache.

Aufteilung Kaufpreis Bei dem Erwerb einer Immobilie ist der Kaufpreis aufzuteilen; die Höhe der Gebäudeabschreibung (AfA) richtet sich nach Anschaffungskosten für das Gebäude; der Grund und Boden wird hier regel-

mäßig nicht berücksichtigt, da er im Regelfall keiner Abnutzung unterliegt. Es empfiehlt sich deshalb eine entsprechende Kaufpreisaufteilung bereits im Kaufvertrag vorzunehmen, da eine solche Klausel regelmäßig von den Finanzämtern anerkannt wird.

Kaufvertrag Der Kaufvertrag ist ein schuldrechtlicher Vertrag, in dem sich der Verkäufer verpflichtet, dem Käufer Eigentum an einem Gegenstand oder einem Recht zu verschaffen. Umgekehrt verpflichtet sich der Käufer dem Verkäufer den vereinbarten Kaufpreis zu bezahlen.

Kostentragungsgemeinschaft Als Kostentragungsgemeinschaft wird oft eine Praxisgemeinschaft gegründet, i. d. R. als GbR. Im Gesellschaftsvertrag wird die Kostenverteilung festgelegt, die aber nach wirtschaftlichen Gesichtspunkten nachvollziehbar kalkuliert sein muss. Wenn die Kostenverteilung von der tatsächlichen Nutzung abweicht, droht eine sog. Gewerbesteuerinfizierung; es kann aber auch eine Umsatzsteuer anfallen, wenn nicht alle Gesellschafter beispielsweise Eigentümer eines Großgerätes sind, welches aber allen Gesellschaftern zur Verfügung steht.

Medizinisches Versorgungszentrum (MVZ) MVZ sind fachübergreifende, ärztlich geleitete Einrichtungen, die über die strukturierte Zusammenarbeit mindestens zweier Ärzte mit unterschiedlichen Facharzt- oder Schwerpunktbezeichnungen eine interdisziplinäre Versorgung aus einer Hand gewährleisten sollen, vgl. § 95 SGB V. Ärzte können in einem MVZ sowohl als selbstständige Vertragsärzte als auch als angestellte Ärzte tätig werden. In beiden Fällen ist jedoch das MVZ gegenüber dem Patienten Leistungserbringer und Vertragspartner.

MVZ-GmbH In einem MVZ in Form einer GmbH können unbegrenzt viele Ärzte angestellt werden. Gesellschafter müssen in dieser Konstellation nicht ausschließlich Ärzte sein. Auch Krankenhäuser, die an der vertragsärztlichen Versorgung teilnehmen, können Gesellschafter sein. Ein MVZ in der Rechtsform einer GmbH muss nicht immer neu gegründet werden. Es können auch bestehende Praxen, beispielsweise in Form einer Einzelpraxis oder einer BAG, in eine MVZ-GmbH umgewandelt werden.

MVZ-Gründung MVZ können nur von zugelassenen Ärzten, zugelassenen Krankenhäusern, Erbringern nichtärztlicher Dialyseleistungen oder von gemeinnützigen Trägern, die auf Grund von Zulassung oder Ermächtigung an der vertragsärztlichen Versorgung teilnehmen, sowie Kommunen gegründet werden. Die Kassenärztliche Bundesvereinigung (KBV) bietet für die MVZ-Gründung regelmäßig einen aktualisierten Leitfaden an, der die wesentlichen Voraussetzungen zur Gründung eines MVZ aufführt.

MVZ-Personengesellschaft Ein MVZ kann, ebenso wie eine Gemeinschaftspraxis, in der Rechtsform einer Personengesellschaft geführt werden, vornehmlich in Form einer Gesellschaft des bürgerlichen Rechts (GbR) oder einer Partnerschaftsgesellschaft (PartG).

Nachbesetzungsverfahren Kern der Praxisabgabe ist das sog. Nachbesetzungsverfahren, welches nur in zulassungsgesperrten Planungsbereichen durchgeführt wird. Das Versorgungsstärkungsgesetz (VSG) hat das Nachbesetzungsverfahren neugestaltet. Die Eingriffe des Gesetzgebers haben weitreichende Auswirkungen auf die Planung und Gestaltung der Praxisabgabe. In Abhängigkeit von den regionalen Gegebenheiten am Praxissitz müssen für eine sichere und wirtschaftlich erfolgreiche Praxisabgabe unterschiedliche Gestaltungsformen gewählt werden. Der Gesetzgeber hat durch die Neuregelungen zu erkennen gegeben, dass kooperative Versorgungsformen wie das MVZ und die BAG bessergestellt und zugleich freiberufliche Teilnahmeformen letztlich schlechter gestellt werden sollen. Deshalb bedeutet Praxisabgabe und Praxisabgabeplanung nicht mehr bloß die Gestaltung des sog.

Nachbesetzungsvefahrens, sondern auch die Prüfung von alternativen Formen zur Praxisabgabe.

Nullbeteiligung Beim Nullbeteiligungsmodell erhält der einsteigende Arzt zunächst keine Beteiligung am Gesellschaftsvermögen. Auch seine Gesellschafterrechte (Stimmrechte, Geschäftsführungsbefugnis etc.) können stark eingeschränkt sein. Die Nullbeteiligung ist besonders dann praktisch, wenn man die Sinnhaftigkeit eines gemeinschaftlichen Engagements prüfen möchte. Der Vorteil dieses Modells liegt darin, dass der Juniorpartner in der Zeit der Nullbeteiligung (Probezeit) keine Finanzierung seines Anteils vorzunehmen und ggf. kostenintensiv rückgängig zu machen hat. Es besteht jedoch die Gefahr, dass es sich bei der vermeintlichen Gemeinschaftspraxis um eine „Scheingesellschaft" handelt und dies zu steuerlichen Nachteilen führen kann.

Patientenkartei Die Patientenkartei ist eine vom Arzt für Patienten angelegte Akte bezüglich der Dokumentation der persönlichen Daten, Medikamente, Diagnosen etc. Sie stellt einen wertbildenden Faktor im Rahmen der Praxisveräußerung dar und darf nur unter zuvor eingeholter Einwilligung der Patienten an den Praxisübernehmer übergeben werden. **s. Datenschutz**

Patientenstamm Der Patientenstamm ist ein wichtiger Faktor bei der Praxisabgabe. Er bildet das Herzstück der Praxisveräußerung. Er setzt sich aus gesetzlich und privat versicherten Patienten zusammen und ist wesentlicher Berechnungsfaktor für den Verkaufspreis der Praxis. Dabei spielen Morbidität der Patienten und die Verteilung zwischen gesetzlichen und privat Versicherten eine wichtige Rolle.

Praxisabgabekosten Praxisabgabekosten sind Kosten, die durch die Praxisabgabe entstehen. Derartige Kosten sind beispielsweise Kosten für die Schaltung einer Anzeige in einer Praxisbörse, Beratungskosten für Steuerberate oder Rechtsanwälte, Kosten für Inserate zur Suche eines geeigneten Praxisnachfolgers etc.

Praxisveräußerungsgewinn Der Praxisveräußerungsgewinn ist der Erlös der entsteht, wenn die Praxis auf einen Nachfolger übertragen wird.

Privatpatienten Unter Privatpatienten (auch Selbstzahler genannt) versteht man Patienten, welche mit dem Arzt oder einem sonstigen Leistungserbringer einen privaten Behandlungsvertrag abschließen. Ihnen stellt der Arzt Entgelte und Honorare unmittelbar in Rechnung.

Scheingesellschafter Scheingesellschafter ist, wer durch sein Auftreten im Geschäftsverkehr den Anschein erweckt, er sei ein persönlich haftender Gesellschafter einer Gesellschaft. Der Scheingesellschafter haftet dann für Verbindlichkeiten aus Geschäften, die ein Dritter im Vertrauen auf diesen Rechtsschein mit ihm bzw. der Gesellschaft abgeschlossen hat.

Schenkung Bei der Schenkung handelt es sich um eine unentgeltliche Zuwendung, durch die jemand aus seinem Vermögen einen anderen bereichert, vgl. § 516 Absatz BGB. Dabei kann jeder Vermögensbestandteil Schenkungsgegenstand sein.

Sonderbetriebsvermögen (SBV) Das SBV bezeichnet Wirtschaftsgüter, die im Eigentum des Mitunternehmers einer Personengesellschaft stehen und der Mitunternehmerschaft zur Nutzung überlassen werden. Man unterscheidet zwischen dem SBV I und dem SBV II. Vom SBV I umfasst werden Wirtschaftsgüter, die unmittelbar für betriebliche Zwecke der Personengesellschaft genutzt werden. Zum SBV II gehören Wirtschaftsgüter, die zwar nicht unmittelbar von der Personengesellschaft betrieblich genutzt werden, aber in einem unmittelbaren wirtschaftlichen Zusammenhang mit der Beteiligung eines Mitunternehmers an der Personengesellschaft stehen.

Einkommensteuer Die Einkommensteuer ist eine Gemeinschaftsteuer und wird auf das Einkommen natürlicher Personen erhoben. Sie bemisst sich an dem jeweiligen zu versteuernden Einkommen und richtet sich primär nach dem Einkommensteuergesetz (EStG).

Erbschaftsteuer Die Erbschaftsteuer wird dann erhoben, wenn ein Erblasser stirbt und somit das Vermögen auf den oder die Erben übergeht. Sie besteuert also den Übergang von Vermögenswerten.

Körperschaftsteuer Die Körperschaftsteuer ist eine auf das Einkommen von juristischen Personen (beispielsweise Kapitalgesellschaften, Vereine oder Stiftungen) erhobene Steuer und beträgt 15 Prozent.

Schenkungsteuer Die Schenkungsteuer muss jeder zahlen, der einen Wert ohne Gegenleistung überlassen bekommen hat (Schenkung), welcher den jeweiligen Freibetrag übersteigt. Der Freibetrag richtet sich nach dem Verwandtschaftsgrad zwischen dem Schenker und dem Beschenktem.

Umsatzsteuer Die Umsatz- oder auch Mehrwertsteuer ist eine sog. Endverbrauchersteuer. Sie wird, bis auf wenige Ausnahmen, auf alle Waren oder Dienstleistungen erhoben und beträgt 19 Prozent. Auf bestimmte Lebensmittel und andere Waren des Grundbedarfs wird ein ermäßigter Steuersatz von 7 Prozent erhoben.

Steuersatz Der Steuersatz steht für das Verhältnis vom Steuerbetrag zur jeweiligen Bemessungsgrundlage.

Teileinkünfteverfahren Unter dem Teileinkünfteverfahren ist ein Verfahren zur steuerlichen Behandlung von Einnahmen aus Beteiligungen an Kapitalgesellschaften, vgl. § 20 Absatz 1 Nr. 1 und 2 Einkommensteuergesetz (EStG), zu verstehen. Im Rahmen des Teileinkünfteverfahrens werden Einnahmen aus Dividenden oder aus der Veräußerung von Kapitalgesellschaftsanteilen mit insg. 60 Prozent der Einkommensteuer versteuert, die restlichen 40 Prozent sind steuerfrei.

Tilgungssurrogat Ein Tilgungssurrogat ist ein Tilgungsersatz, der für Darlehen mit Tilgungsaussetzung vereinbart wird. Ein solcher Tilgungsersatz kann beispielsweise die Abtretung der Ansprüche aus einem Bausparvertrag, Investmentfonds, Rentenversicherung oder einer Kapitallebensversicherung sein. Der Darlehensnehmer zahlt während der Darlehenslaufzeit nur Zinsen an den Darlehensgeber.

Überörtliche Berufsausübungsgemeinschaft (ÜBAG) Die ÜBAG ist gekennzeichnet durch die gemeinsame Ausübung der vertragszahnärztlichen Tätigkeit an unterschiedlichen Vertragszahnarztsitzen, vgl. § 6 Absatz 7 Bundesmantelvertrag-Zahnärzte (BMV-Z).

Übergangs-Berufsausübungsgemeinschaft Dies bezeichnet eine Gesellschaft, deren Zweck die Gewährleistung eines Praxisüberganges auf einen Praxisnachfolger ist.

Übergangsgewinn Wird eine Praxis aufgegeben oder veräußert, so ist das (laufende) Ergebnis bis zur Veräußerung/Aufgabe zunächst wie in jedem anderen Jahr auch zu ermitteln. Das so ermittelte Ergebnis nennt man Übergangsgewinn oder auch Übergabegewinn. Gemeint ist also die Versteuerung der restlichen Einnahmen, insbesondere zwei KV-Schlusszahlungen.

Unternehmer Unternehmer ist nach der Legaldefinition des § 14 BGB eine natürliche oder juristische Person (z. B. GmbH) oder eine rechtsfähige Personengesellschaft (z. B. OHG), die bei Abschluss eines Rechtsgeschäfts in Ausübung ihrer gewerblichen oder selbständigen beruflichen Tätigkeit handelt.

Veräußerungsgewinn Der Veräußerungsgewinn ist der Betrag, der den Veräußerungspreis abzüglich des Wertes des Betriebsvermögens und der Veräußerungskosten übersteigt (Veräußerungspreis ./. Buchwert des Betriebsvermögens ./. Veräußerungskosten = Veräußerungsgewinn). Der Veräußerungsgewinn unterliegt der Besteuerung.

Veräußerungskosten Bei Veräußerungskosten handelt es sich um jegliche Anwendungen und Kosten, welche durch einen Handel oder Verkauf veranlasst wurden. Es muss somit ein direkter Sachbezug zum Veräußerungsvorgang bestehen. Sie sorgen für eine Verminderung des steuerbegünstigten Veräußerungsgewinns.

Versorgungsleistung Unter Versorgungsleistungen versteht man in der Regel Geldzahlungen, zur Sicherung des Lebensunterhalts an bestimmte Personen.

Versorgungsstärkungsgesetz Das Gesetz zur Stärkung der Versorgung in der gesetzlichen Krankenversicherung (VSG) zielt darauf ab, eine gut erreichbare ambulante medizinische Versorgung der Patienten auf hohem Niveau sicherzustellen. Insbesondere im ländlichen Raum sollen finanzielle Anreize und verbesserte Arbeitsbedingungen geschaffen werden, um den Beruf des Landarztes attraktiver zu machen. Mit dem Innovationsfonds sollen Projekte gefördert werden, die neue Wege in der Versorgung beschreiten.

Wirtschaftsgüter Grundsätzlich unterscheidet man materielle von immateriellen Wirtschaftsgütern. Dies ist für die rechtliche Behandlung von großer Bedeutung. Unter materiellen Wirtschaftsgütern versteht man körperliche Gegenstände, wie z. B. Gebäude, Maschinen, Kraftfahrzeuge oder auch Geschäftsausstattungen. Bei immateriellen Wirtschaftsgütern handelt sich hingegen um nicht stoffliche Dinge, wie z. B. Rechte, Lizenzen oder auch dem Geschäftswert (Goodwill).

Zahnarztregister Das Arztregister wird gem. § 1 der Ärzte-Zulassungsverordnung (ÄrzteZV) bei den Kassenärztlichen Vereinigungen (KV) geführt und ist Voraussetzung dafür, dass eine Zulassung zur vertragsärztlichen Versorgung erfolgen kann. Es enthält Angaben über die Person und die berufliche Tätigkeit, soweit sie für die Zulassung von Bedeutung sind. Die Eintragung erfolgt auf Antrag unter Beifügung der erforderlichen Unterlagen bei der KV, in deren Zuständigkeitsbereich der Antragsteller seinen Wohnsitz hat.

Zulassung Mit der Zulassung sind Ärzte berechtigt, an der vertragsärztlichen Versorgung teilzunehmen. Dafür zuständig sind die Zulassungsausschüsse. Erst dann könne gesetzlich versicherte Patienten ambulant behandelt und die entsprechenden Leistungen gegenüber den Krankenkassen abgerechnet werden. Am Niederlassungs- bzw. Anstellungsort muss zudem ein freier Arztsitz zur Verfügung stehen und eine Eintragung im Zahnarztregister muss erfolgt sein. **s. Arztsitz**

Zweistufenmodell Beim sog. Zweistufenmodell erfolgt die Errichtung einer Gemeinschaftspraxis in zwei Schritten. Der Juniorpartner erwirbt zunächst – beispielsweise während seiner Probezeit – durch Einlage in das Privat- oder Betriebsvermögen einen geringen Anteil am Gesellschaftsvermögen. Erst nach Ablauf der Probezeit veräußert der Seniorpartner dem Juniorpartner (Neugesellschafter) in einem zweiten Schritt einen größeren Anteil und muss diesen dann nur mit einem ermäßigten Steuersatz vergüten.

Stichwortverzeichnis

A

B

D

E

F

Stichwortverzeichnis